安徽古籍叢書

黃山書社

李宗棠文集之六

千倉詩史初編

〔清〕李宗棠／撰　李興武／校點

圖書在版編目(CIP)數據

李宗棠文集·千倉詩史初編/(清)李宗棠撰;李興武校點
—合肥:黄山書社,2017.11
(安徽古籍叢書第二十九輯/安徽古籍叢書編審委員會編纂)
ISBN 978-7-5461-6940-8
Ⅰ.①李… Ⅱ.①李… ②李… Ⅲ.①李宗棠(1870—1923)
—文集 ②古典詩歌—詩集—中國—清後期
Ⅳ.①Z425.2②I222.752

中國版本圖書館 CIP 數據核字(2017)第 288011 號

安徽省古籍整理出版辦公室資助項目

選題策劃 彭君華
責任編輯 李 媛
裝幀設計 馬 芳
出版發行 時代出版傳媒股份有限公司(http://www.press—mart.com)
黄山書社(http://www.hspress.cn)
地址郵編 安徽省合肥市蜀山區翡翠路 1118 號出版傳媒廣場 7 層 230071
印 刷 安徽新華印刷股份有限公司
版 次 2018 年 3 月第 1 版
印 次 2018 年 3 月第 1 次印刷
開 本 880×1230 1/32
字 數 126 千
印 張 7.125
書 號 ISBN 978-7-5461-6940-8
定 價 28.00 圓

服務熱綫 0551-63533706
銷售熱綫 0551-63533761
官方直營書店(http://hsssbook.taobao.com)

安徽古籍叢書編印緣起

我國歷史悠久，典籍豐富。我省地處南北之交，學術尤擅其盛。數千年來，哲學、史學、文學、藝術、語言、科技，作者輩出，著述如林，或自名一家，或蔚然成派，多爲中華民族文化之菁華，有裨於社會主義文化之建設。允宜及時整理，以廣流傳。

粤自明清，以至近世，南北郡邑已有涇川叢書、龍眠叢書、貴池先哲遺書、南陵先哲遺書諸刻。一九三一年，復有安徽叢書之編刊，所收皆皖人著作，分期影印。出至第六期，以抗戰軍興而中止。盛業未竟，論者惜之。

今者，中央倡導整理古籍，我省領導對此尤爲關心。省古籍整理出版規劃委員會幾經商討，決定編纂安徽古籍叢書。編纂宗旨是在歷史唯物主義指導下，批判繼承，古爲今用，弘揚民族優秀傳統文化，爲建設中國特色社會主義服務。最其體例，約有數端：

一、所收皆爲歷代皖人著作，時間一般以辛亥革命之前爲限，内容以文、史、哲爲主，分類成輯。尤其注意稿本、稀見本之搜輯與傳布。

二、整理方式包括輯、校、標點和注釋、今譯。校勘，力求採用善本爲底本，校以他書，或加補輯、編次。標點，採用新式標點。注釋，務求精確，但不作煩瑣考證。整理中，儘量吸收國内外研究的新成果。

三、先秦、兩漢著作及語言、文字之類，皆用繁體字，其餘則酌用簡體字。版皆豎排，以期一律。

四、凡熱心於本叢書編印及捐貲助刊者，得於書内題名。

安徽古籍叢書編審委員會

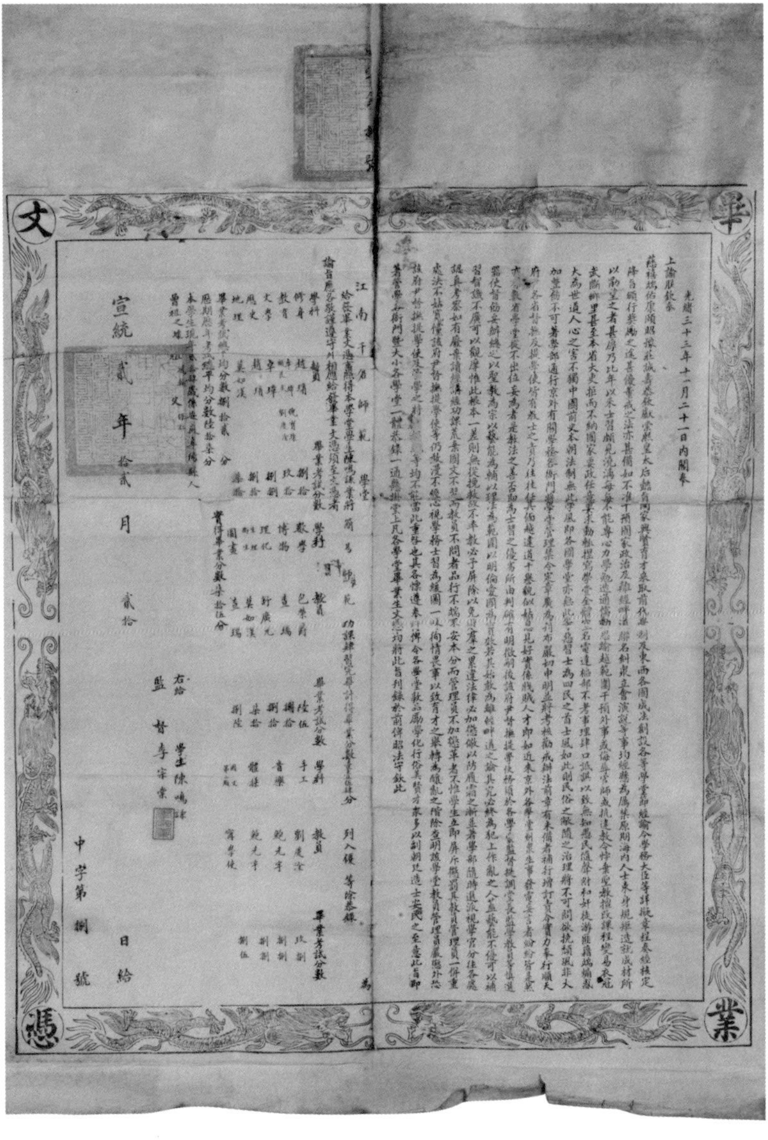

千倉師範學堂畢業文憑

千倉詩史初編目次

佚文輯補

附録

整理説明

李宗棠不僅是晚清著名的教育家、外交家和社會活動家，還是一位現實主義詩人。史載他『好讀書，不瑣瑣事章句；喜爲詩，輒自道其性情，弗屑爲聲調拘也』。他的詩才，除了天性聰穎、心存靈犀之外，更源於他自幼練就的童子功，『周秦諸子，歷代史傳，靡不遍讀』。他一生詠物抒懷，吟唱甚豐，惜其舊作草稿於辛亥年間焚毀於金陵千倉山館，留給後人的四百三十四首詩，僅十居其一，且爲『近憶舊作，隨手録存，合近作』而得。李宗棠爲自己的詩集自題詩曰：『懶作新詩寫舊詩，詩中優劣寸心知。抒情慨俗多憂憤，詠物書懷盡笑嬉。醉後狂吟無老伴，牛前傲骨誤清時。世人儻識髯翁意，再獻陽春唱和詞。』這首詩作爲詩集的壓艙之作，讓千倉詩史初編頓時增色不少。同時，也爲該書蒙上了一層神秘色彩。

李宗棠家居汝陰千倉鄉，就是清末阜陽縣永興集，即今天潁上縣新集鎮。此鄉地處潁河下游，與對岸口孜集隔河相望，水陸碼頭，良田沃野，自古交通便捷，經濟發達，社會安詳和諧。相傳三國時期曹操屯糧於此，故有『千倉灣』之稱。李家先代聚族而居，有田千頃，鄉人遂稱『千頃灣』。千倉千頃，同爲一意，相沿既久，約定成俗。李宗棠曾自號『千倉舊主』，北京旅邸自書『千倉寄廬』，各省行寓自稱『千倉別墅』；曾創千倉師範學校於金陵，復創千倉義塾於潁鄉，又創千倉實業於江南，築隱舍於鷄鳴寺下曰『千倉山館』，營別莊於秦淮河曰『千倉水榭』，游日本時署其門曰『千倉游舍』；因其愛酒嗜飲，不醉不慊，既醉不亂，世人多呼其爲『千倉醉翁』。因此，『千倉』成爲李宗棠一生最喜愛使用的别號，冠於詩集，莫善於此。

詩史之創作，并不是每個詩人都能達到的境界。不少詩家，大都以寄托之詞吟美人香草，以比興之體詠秋月春花。往往是心之所觸，聲即隨之，若能如此，便是上好的詩品了。只有唐代的杜甫，以詩紀事，一時尊之者，目爲詩史。杜甫的詩，無取華美，不事鋪張，上自朝廷事實，下至友朋贈答，據事直書，莫不歷歷可考。目之爲史，可以稱其爲一代之史，也可稱其爲一身之史。李宗棠的遭遇堪比杜少陵，其游宦於仕途垂廿四年，足迹遍及海内外數萬里，生不逢辰，猝遭時變，滿腔熱血，盡付東流，四海孤蹤，獨成高蹈，其間可傷可感之事，指不勝屈。宜其爲詩，時有悲歌慷慨、抑鬱憤懣之音。然其爲人，大徹大悟，行乎素位，胥泯怨尤。故其爲詩，如道家常瑣屑事，不矜奇，不立異，和平敦厚，純任自然。而史筆出之，明白曉暢，如讀實録。李宗棠將其劫後餘詩墨録成帙，附以新稿，標其眉目曰『詩史』，恭寄著名鄉賢、尊稱九叔的晚清安徽阜陽國畫家、詩人李汝振索序。知姪者莫如至親，李汝振『感其命名之意，與世之尊少陵者適相符合。又其爲詩之體例，與少陵亦不相遠。少陵有知，當亦慨然引爲同調也』（李汝振千倉詩史序），并欣然爲之作序，充分給予肯定。這便是『千倉詩史』篇目之由來。

千倉詩史初編内容豐富，紀事宏大，視野開闊，立意高遠。大體可分爲以下六個類型：

建言。如甲午九秋時官農部條陳三十六策呈翁大司農代奏散衙歸寓車中作：『中原時局已全非，草莽焉能識萬機？苦口危言多急就，興農勸學是先機。養民須藉交通力，强國何勞撻伐威。伏闕陳書三十六，不知可得達宮闈。』時值甲午戰爭爆發不久，國内情勢危急，人心汹汹，士大夫紛紛建言獻策，李宗棠不甘落後，奮筆疾書，條陳三十六策，呈請翁同龢代奏，竟獲光緒皇帝硃批：『知道了。』這是李宗棠在政治上初露頭角，時年二十六歲。次年赴金陵謁兩江總督張之洞，奉委籌餉局任職，又條陳十事，以詩紀之，蒙制軍採擇施行。

請纓。甲午陸戰告急，呈請帝師翁同龢代奏投效前敵，因賦『請纓自負英雄氣，投筆何關故鄉情。願與三軍同奏凱，狂呼戎馬老書生』（呈請代奏投效前敵）。聽説朝旨議和取消發往前敵，自嘆『壯士空談噴熱血，小臣那得效愚忠。從今膽氣銷千丈，羞見將軍兩角弓』（朝旨議和取消發往前敵案自歎）。甲午戰争期間，各路清軍雲集，血氣方剛的李宗棠奉命密查山海關軍隊情況，又赴天津迎謁劉坤一宫保，把希望寄托在這位湘軍元老身上，從心底發出『狂瀾既倒請援手，名將中興誓遠征』的呼聲。

事變。從甲午（一八九四）至庚子（一九〇〇）七年間，李宗棠先後被保湖北補用道，覃恩一品封典，保加二品頂戴按察使銜。甲午戰争、馬關簽約、戊戌變法、庚子事變、東南互保、丁母憂、遭父喪、兩宫西巡、慶邸留守等家國巨變，均以詩紀之。如聞合肥相國議和將望有成：『一局殘棋莫相輕，最憐城下訂新盟。功成漫説身將退，國破方知勢可驚。悔禍當能修舊好，旁觀猶作不平鳴。諺云百病乘虚入，記否春颿樓上情。』此詩記述了中日馬關條約簽署的耻辱場景和國人對宰相李鴻章的複雜心態，以史紀事，令人難忘。

東游。從辛丑（一九〇一）到戊申（一九〇八）八年間，李宗棠九次赴日，寫下一百二十四首東游詩，占千倉詩史初編所録詩詞的百分之三十五。他以紀實詩筆，將所見所聞兩相對比，感嘆物敝國衰，羨慕日本維新國盛，驚奇鐵路、礦山、郵政所傳遞的近代文明。赴日期間，重點考察了日本的學務、警察、礦山，護送官紳學生留學，會晤日本各界友好人士，處理學潮案件，維護我留日學生利益；奔走於日本、朝鮮各地，爲我皖北水災募捐義賑。尤其是光緒三十年（一九〇五）他第五次東渡日本時，正值日俄戰争俄國戰敗，目睹日本國内狂熱慶祝，他憤筆寫道：『滿城風雨競相誇，老幼扶攜笑語譁。旅順遼陽同奏凱，不知戰地是誰家？』（日俄戰事京濱等市有獎兵犒軍義勇忠愛祝捷各會東京築凱旋門感歎）痛斥了發生在中國領土上的日俄戰争，體現了海外游子熱忱的愛國情操。

編纂。李宗棠一生勤奮好學，筆耕不輟，著述多達二十餘種二百多卷，每成帙付梓，必賦詩紀之。李宗棠的編纂詩分爲兩類：一類是考察日本後所編萬國教育源流考、武備志略、日語類纂、日本學校章程百三十六種及小學校新令等，均以詩紀之。另一類是纂輯光緒徵要録、五經經解、時事紀聞，編訂從政芻言、千倉師範講義十四種等。其旅日游記東游紀念九卷付梓題詠：『草編不必細論文，十稔怱怱述舊聞。視學觀兵專紀載，酬詩題畫各區分。深山採石曾行險，同學登瀛更樂羣。踏徧蓬萊山下路，果然消散似浮雲。』（東游紀念九卷付梓題詠）李宗棠的編纂詩紀事清晰，簡要明快，直抒胸懷，朗朗上口。

辦學。教育興國是晚清新政的重要内容，也是李宗棠晚年投入精力最大、付出心血最多的一項事業。他曾被舉爲全皖教育總會會長，丙午年（一九〇六）奉兩江總督周馥委派，調查全皖學務，查學過潁，就家祠（今潁上縣新集鎮）創設千倉第一義塾兩等小學并有感而賦：『遺訓煌煌在簡編，漫將祖德不流傳。今將先業承先志，豈爲沽名創義捐？』（查學過潁就家祠創設千倉第一義塾）宣統元年（一九〇九），創建千倉師範學校於金陵，這是當時全國最早的新式師範學堂之一。新校開校，潁人來學者頗衆，宗棠作八言律詩紀之。宣統三年（一九一一）二月歸潁，當年就在家鄉建立六所義塾，加上之前二塾共八所義塾。宗棠記之曰：第一、第二塾開學，學生有百餘人；第三、第四、第五、第六、第七、第八各塾報名者亦甚衆，輿情歡躍，喜而書此：『誰謂吾鄉盡梗頑？五年一變舊時顔。欲將風俗成仁美，强借文章化野蠻。千輩兒童爭問業，八方鐘鼓聽催班。農家果識詩書樂，願築茅堂十萬間。』（第一第二塾開學學生有百餘人第三第四第五第六第七第八各塾報名者亦甚衆輿情歡躍喜而書此）

除上述六類外，李宗棠還創作了大量的田園詩、唱和詩、思鄉詩、醉酒詩、諧趣詩等，生動地記録了他對生活的熱愛和無奈，如南米食盡强食豆粥：『半生嗜好慣蠻方，不識農家刈麥場。老大歸來貪酒肉，兒孫生長盡膏粱。故鄉偶嚼蔬羹飯，涼夜新炊豆粥湯。魯叟在陳我在潁，絶糧風味竟同嘗。』

正如千倉詩史初編有壓艙之作一樣，千倉詩史初編也是李宗棠文集的壓艙之作。當然，我們也希望李宗棠文集有新的發現，能續編之七、之八。但據李宗棠回憶，他的著作正式付梓出版的也就五六種。手批殿版十七史、分編五經經解及其它雜纂十數種草稿，悉數付炬，『萬卷文章遭劫燼，半生心血盡焚如』（參見金陵千倉山館被陸軍第三師團礮兵第三聯隊鄧翊華率隊占據館中器具久假不歸舊存書籍字畫及編纂稿册别儲一室忽於新曆四月十三日焚燬一空聞之不禁有感）。萬幸的是，他正式出版的著作，在各大圖書館沉睡了百年之後，終于重見天日。筆者從二〇〇七年開始收集整理李宗棠文集，足迹遍及國家圖書館、南京圖書館、安徽省圖書館、中國科學院圖書館、清華大學圖書館以及數家網絡圖書館等，獲得六種，而且版本考究，品相完整，基本無殘缺漫漶，均爲當時質量上乘之作。其中東游紀念、考察日本學校記、千倉詩史初編三部著作，你中有我，我中有你，某年某月某日參觀考察日本某學校，東游紀念日記中有記載，考察日本學校記中有實録，觀感詩寫在千倉詩史初編中，互相印證，互爲參照，對於全面了解研究百年前日本的社會政治、經濟、文化、教育諸方面，實爲難得的第一手資料。

在此基礎上，筆者經年考究，探索源流，理順關係，校點勘誤，在安徽省古籍辦主任彭君華先生及各位專家的指點幫助下，使這批晚清稀見史料得以再版重生，服務於社會大衆，有利於研究利用，使之更好發揮存史資政之功效。先賢李宗棠若地下有知，亦可以笑慰於九泉矣。

此外，本書結合安徽及阜陽地方史志，參考潁州李氏族譜家乘，撰寫了李宗棠年表、李宗棠旅日行狀等基礎性、研究性文章，與筆者收集到的李宗棠信札、傳記，以及阜陽博物館館藏的印有慈禧太后上諭和李宗棠親筆簽名的『江南千倉師範學堂畢業文憑』影印件等歷史文獻資料一并附録，以饗讀者。

李興武

二〇一六年三月二十六日寫於安徽阜陽潁州寓所

千倉詩史序

李汝振

甚矣！詩之難言也。夫美人香草大都寄託之詞，秋月春花亦皆比興之體。心之所觸，聲即隨之，所謂天籟也。然而，騷人韻士往往爭奇句、鬬險韻，一字苦吟，累日弗就。嗚呼！詩寫性情若此者，性情不轉汩沒哉？昔杜少陵能詩，一時尊之者目爲詩史。其爲詩也，無取華美，不事鋪張。上自朝廷事實，下至友朋贈答，讀其詩者，如紀月編年之體，據事直書，莫不歷歷可考。目之爲史，謂其爲一代之史也可，謂其爲一身之史也亦可。吾姪隱伯，游宦垂廿四年，足迹徧數萬里，生不逢辰，猝遭時變，滿腔熱血盡委東流，四海孤蹤獨成高蹈。其間可傷可感之事，指不勝屈，宜其爲詩，當有悲歌慷慨、抑鬱憤懣之音。而孰知吾姪之詩則否否。蓋其資稟異人，大徹大悟，行乎素位，胥泯怨尤。故其爲詩，如道家常瑣屑事，不矜奇，不立異，和平敦厚，純任自然。詩筆也，而史筆出之，明白曉暢，如讀實録焉。近數年來，著詩三千餘首，南京兵亂，千蒼山館遭劫，原稿悉被焚燬。今在滬上設館，課餘默録成帙，附以新稿，標其眉曰『詩史』。郵寄吾鄉，鄉人亟勸付梓。索序於余，余感其命名之意，與世之尊少陵者適相符合。又其爲詩之體例，與少陵亦不相遠。少陵有知，當亦慨然引爲同調也。是爲序。

壬子嘉平既望，桂生李汝振識於千倉舊里。

自敘

予家潁水之湄，先代聚族而居，有田千頃，鄉人遂稱千頃灣李家樓。不知何時訛傳千倉，相沿既久，殊難稽考。迨髮逆變亂後，族衆散處，廬舍蕩然，千倉之名幾絶。予嘗自號『千倉舊主』，北京旅邸自書『千倉寄廬』，各省行寓自書『千倉别墅』。曾創千倉師範學校於金陵，復創千倉義塾於潁鄉，又創千倉實業公司於江南。築隱舍於鷄鳴寺下，題曰『千倉山館』，營别莊於秦淮河畔，題曰『千倉水榭』。游歷日本東京、西京，署其門曰『千倉游舍』。世人多呼我爲『千倉醉翁』。然千倉氏之淵源，在不知來歷者幾誤爲日本姓氏。是不得不詳述，以告世人也。辛亥仲秋，忽遭兵燹，實業既不克振興，學校亦各自解散。人情混雜，士習澆漓，厭世之心愈深，避世之心愈亟，恨中原無樂土，身悵悵其何之。不得已，乃遁迹海上，設館授徒。從此匿其本姓，遂號『千倉隱伯』，又號『千倉髯隱』。課餘無事，偶録舊作，漸積成帙。回憶平生前半世之歷史，大致略備。託諸棃棗，聊誌雪鴻，不足就正於有道耳。

壬子十二月既望，千倉髯隱識於滬北漢學館。

千倉詩史初編

甲午九秋時官農部條陳三十六策呈翁大司農代奏散衙歸寓車中作㈠

中原時局已全非，草莽焉能識萬幾？苦口危言多急就，興農勸學是先機。養民須藉交通力，强國何勞撻伐威。伏闕陳書三十六㈡，不知可得達宫闈。

呈請代奏投效前敵

策名正在京師日，忽聽漁陽鼙鼓聲。塞北風雲平地起，天南神鬼一時驚。請纓自負英雄氣，投筆何關故舊情。前敵某總統曾充先輩戈什。願與三軍同奏凱，狂呼戎馬老書生。

朝旨議和取消發往前敵案自歎

夜夜朝朝醉夢中，竟將五利説和戎。廉頗走敵非無勇，魏絳論功獨自雄。壯士空談噴熱血，小臣那得效愚忠。從今膽氣銷千丈，羞見將軍兩角弓。

呈請離署自行投效軍營蒙翁大司農招入督辦軍務處婉辭卻之

忝領郎曹甫六年，感恩知己總前緣。閒官戀棧誠何事，汗馬無功誓不還。戎幕未諳刀筆技，寒家豈愛俸薪錢。願留異日栽培地，桃李花開應更妍。科名之念未絕，自歎自笑。

留別京師同官同學諸至契

昔年走帝京，從師來就讀。受業袁心谷先生門下。讀書未成名，遽爾學干禄。初授户曹掾，常著遊子服。未得高堂歡，但聞國人哭。艱鉅觸吾心，牢騷擾吾腹。江南壯此行，汶上不可復。今我告同人，生平厭積蓄。願辭濁世官，且食豐年穀。别後少知交，友石與師竹。後會儻有期，問我千倉屋。

奉大府命密查山海關軍隊

行李倉皇帶簡書，問君王事竟何如？六師星散都無律，時有七十餘營，星羅棋布而無總統。凡各統領五六營、二三營不等。湘撫吴清卿中丞統營較多，江南各營皆不願歸吴節制。單馬風馳莫笑予。西出陽關登北陸，東來紫氣望南徐。聞有廷寄，劉峴莊宫保速入覲，將總統關内外各軍。平倭難比平回事，衆志成城慎厥初。

天津迎謁劉峴莊宫保賦呈㊂

莽莽河山大局傾，强鄰兵馬逼皇京。旅順已失，日兵聲言進攻津沽，北京戒嚴。狂瀾既倒誰援手，名將中興誓遠征。勸戰。掃盡敵氛伸國恥，漫同檜伍誤前程。時某某力主和議。他年一覺遼陽夢，此次戰端，因朝鮮事啓釁。日本注意朝鮮，實假道於虞之計。一旦朝鮮不能自立，我國不能保藩，將蠶食朝鮮而侵奪我遼瀋矣，豈不危哉！而我國人尚在睡夢中，奈何？莫悔今朝城下盟。前已有旨，簡派議和大臣，恐終不免就盟耳。

臘月二十六日出都赴江南

遲遲出境宿黄村，不戀軍門戀國門。只見營巢多巧宦，誰憐失路有王孫。明知富貴儻來物，懶事公侯亦自尊。此去江南爲吏隱，豐功偉業莫須論。

道中度歲四首

七年老度燕京歲，始覺江南客夢長。此日春歸我亦去，春風送我到金閶。

年年客裏度春風，美景良辰處處同。欲飲屠蘇拚一醉，且從馬上喚奚童。辭别京華馬不前，悠悠道路著輕鞭。回頭還覺從軍樂，忘卻新年與舊年。今朝遊子垂鞭日，正是高堂望眼時。遥想吾家春帖句，料當仍寫杜陵詩。家大人寫春帖，嘗集杜句。

入　山

輕車快馬入山來，一路春光滿面埃。直向白雲深處去，荒村古寺重徘徊。風鶴吹來夜有聲，車塵馬足幾回驚。南方調來軍隊甚多，過境時極騷擾。天教生此崎嶇路，留得人間説不平。

出　山

來時急欲登高嶺，去時急欲脱深林。莫道人隨雲出岫，春風春雨總無心。聞説前頭是坦途，如何滿目盡荒蕪？今朝倉卒出山去，世路艱難有萬殊。

乙未新春到家贈内子 時家屬隨侍蘇州。

吳樹燕雲繞夢魂，堂前賴爾奉晨昏。十年遊子心如昨，兩袖清風道自尊。芝誥遥頒邀曠典，覃恩一品封典。萊衣共舞被慈恩。郎官新换貂裘日，去年保授道員。且勸卿卿進一樽。

金陵謁張香濤制軍奉委籌餉局㈣

英雄遇合本艱難，官到江南膽已寒。聞同班有二百餘人。伏闕賈生空汗馬，上書蘇季據雕鞍，前條陳户部三十六策，奉硃批：『知道了。』到寧條陳十事㈤，蒙制軍採擇施行。明知報國無長策，忝任籌兵愧素餐。急退不如圖緩進，到今還著舊衣冠。親朋多勸予指省稟到，但予自覺年輕，未敢躁進。

奉公赴皖北行抵潁郡

生長江南宦帝京，故鄉何異客鄉行。父老相顧不相識，忙煞官人滿路迎。皖北差徭較江南爲奢侈。

遊徧名山歷大川，忽從千里奉公旋。怪他鄰里爭先覩，指點新鬍是少年。是年留鬚，時二十六歲。

歸途過鳳陽王鼎臣觀察留宿署中適黄漱老從大梁至聚飲兩夕

記得春明送别酒，座中即此二三人。鼎公陛辭時，漱老餞别於陶然亭，予亦在座，座無他客。浮蹤偶合原無定，老輩重逢若有因。時事欷歔如醉夢，功名感慨歎風塵。我將策騎先歸去，由陸路回南京，鼎公派隊護送。揚子江頭好問津。

偕同人謁孝陵題壁三首

吳中本是帝王都，長壟方山勢不孤。望氣但求秦祚遠，埋金豈爲楚人圖？鍾陽風雨常千古，靈谷松楸有萬株。蔣寺當年崇廟號，於今神烈亦荒蕪。明嘉靖十年更名鍾山爲神烈山。

獨占江南第一峯，青雲擁護白雲封。深林不見長生鹿，前代空留刺史松。千户錦衣人寂寞，六朝煙嶺樹葱蘢。鳳陵泗水無斯盛，山色湖光映九重。

懿文陪葬孝陵前，芳草凄凄六百年。玉女埋香隨鶴馭，青宫含淚伴龍眠。洞中仙佛朝天去，冢下靈魂得氣先。回首翠華憑弔處，治隆唐宋接心傳。純廟題碑「治隆唐宋」四字。

丙申奉母諱家居搜輯窗下課經雜作編纂五經經解合得六十四册彙訂草稿題曰千倉經學館讀經雜誌題詠

從師廿四載，項、袁二師皆深於經學者。窮經十五年。問心頗自得，信手各成編。詩書禮春秋，訓詁與註箋。易理獨精深，研究爻與象。引經必有據，案語不敢偏。漢儒盡僞作，宋儒更錯然。清代多專家，折衷得大全。述古豈好辨，聊以繼前賢。

鄂督保加按察使銜㈥ 時丁酉秋

伏闕陳書憶舊年，可憐少壯已虚捐。從戎未遂平倭志，報國羞輸納粟錢。不受君恩負知己，南皮尚書開列保案，並未預告。偶貪官爵愧名賢。處此晚近，官爵何榮？頭銜换得新顔色，拂拭朝簪盍慎旃？

江督保加二品頂戴㈦ 時戊戌春

雖非一歲慶三遷，當軸明明是薦賢。慚愧虚名多齷齪，諺云『物希爲貴』，名亦然耳。現在官場幾乎無人不有虚銜，頂戴何足爲榮？適增一齷齪具耳！躊躇時局懶流連。怪他翡翠新增價，同案保翎枝者不少。卻喜珊瑚不費錢。家有舊藏，無須新購。衣錦還鄉應有日，懶於仕進。弟兄妻子學耕田。凡人處官日久，居養漸移，勢必不能勤儉，況耕田乎！故吾處官之日，慄慄自危，時不免有過慮焉。

戊戌孟夏奉發鄂省委辦鐵政洋務總局與屬吏同遊黄鶴樓唱和之作

昔日樓上有黄鶴，今日座中盡白頭。喜得同舟資共濟，閒來醉酒暫消愁。皇恩許住三年否？今到鄂甫三月。壯志何嘗一息休。曾有遊歷外洋之請，當道弗許。慷慨悲歌生已晚，試看江上幾名流。

施南查礦道出宜昌晤徐穉周

白下同舟日，徐隨南皮幕最久。青衫醉酒時。容顏雖未老，興味不如斯。久別長相憶，重逢更有期。高山徒景仰，何竟出山遲。

己亥仲冬嚴親六旬晉一壽辰乞假歸省稱觴補祝

十年遊子曠晨昏，離別家庭趨國門。詩禮未能傳父志，衣冠自愧拜君恩。捧觴且著老萊服，獻壽重開北海樽。待到明年迎養日，含飴歸弄兩三孫。去年即欲迎養，未蒙堂上允許。

庚子五月北京義和團舉事警信頻來詔書屢降時掌湘鄂交涉奉南皮尚書新寧宫保命會議聯絡各國保護長江條約㈧

堂堂皇室信妖魔，那怪江湖伏莽多。縱有老成操勝算，恐難鎮静息餘波。一時貴胄崇迷術，四面强鄰袖利戈。顛倒太阿終誤國，誰能補綴舊山河？

七月遭父喪回籍守制皖撫奏派督辦鳳潁六泗團練兼理皖北營務處節制水陸各營堅辭尚未獲許江督擬奏改督江安兩省團練事仍堅辭之

豈謂生平畏簡書，而今時勢不如初。當道歷引曾、胡諸公，殷懃勸勉，愧弗敢當。況今昔時勢懸殊，無從著手。一身誰得全忠孝，大事何能計毁譽。舉首那堪談國是，問心無可報鄉間。躊躇終乏匡時策，蔓草難圖盍慎諸。

七月二十一日接得北京警電兩宫西巡慶邸留守伏枕一歎

神鬼驚疑不自由，鑾輿深夜出皇州。秋風送入長安道，南海空留挹翠樓。知否强鄰都側目，那堪往事一回頭。明王定亂憑何策，四海蒼生爲國憂。

聞各國聯軍入都

昔在承平日，深宫宴樂時。未聞鼙鼓動，那識棟樑危。今夕誠何夕，秦師夾楚師。兵雖不血刃，人不辨云誰。遥想亂離際，如何顛倒爲。王孫遭劫燼，宰相涉嫌疑。聞某邸已焚掠，某中堂全家被殺。彈指妖氛滅，回頭黄禍隨。春秋大盟會，無復盛於斯。

聞合肥相國議和將望有成㊈

一局殘棋莫自輕，最憐城下訂新盟。功成漫説身將退，國破方知勢可驚。悔禍當能修舊好，旁觀猶作不平鳴。諺云百病乘虚入，記否春騻樓上情。甲午詣馬關，駐春騻樓議和。

庚子仲冬條陳十事郵達西安行在南北洋政府暨鄂督張公東撫袁公皖撫王公均奉批獎而事不行㊀

十年有志竟無成，那怕公卿忌賈生。杖策只圖籌實濟，犯顔豈爲薄浮名？低頭羞説宫中事，揮手空談紙上兵。此日欷歔千萬語，英雄意氣莫相爭。

辛丑秋奉皖省大府命考察日本學務㈡

怪哉蕞爾國，一躍登文明。嗚呼我神州，滓穢乎太清。禮失當求野，物蔽始知盲。遠參乎西域，近法乎東瀛。初授輶軒使，採風問俗行。此行胡爲者？教育通勾萌。閒嘗考經傳，傾慕三代英。庠序與校制，三代迭變更。歷傳五千載，風氣各相成。聞説島夷地，漢學極歡迎。隋唐來學佛，聖教被新黌。隋始通使，唐初派人留學中國，求佛法歸，創造文字，是漢學之權輿，教育自寺院始。維新廿六年，明治八年實行教育令，今爲三十四年。和洋始合并。講漢學，譯西書，終以和文一貫以通焉。全國臻富强，寰球振聲名。愧我瞠乎後，趨步奉規衡。乘桴浮海去，殷懃達至誠。善鄰倘可恃，拭目俟前程。

訓兒吟

時攜長兒赴東留學，書以示誡。

世人常歎生兒遲，今我獨恨生兒早。提攜成童十六齡，教兒只有讀書好。乃翁讀書不成名，行將强仕催人老。自知頑固守終身，尚望吾兒展懷抱。教忠教孝重本根，汝賢汝能善締造。學不成才誓莫歸，勿爲榮利增煩惱。學不成才誓莫歸，勿爲邪僻牽顛倒。寰球世界縱更新，言行要守先王道。

賦贈東亞同文會

同洲同種又同文，敬業尤能重樂羣。我輩交親從此密，人間畛域是誰分。但求海内皆知己，卻喜年來有博聞。大德不孤徵善果，東方紫氣漸氤氲。

上海高昌廟同文書院觀擊劍

雙方鐵面盡無私，擊劍之人，兩人各持竹劍互鬬。面繫鐵架竹邊頭套，圍至頸下。胸前縛以竹墊，手著布套，襯有綿絮。彼此只擊胸面等處，不致受傷，略分勝負即止。爭看當場鬬術奇。何異童年騎竹馬，喚同朋輩賽牙旗。恨無馮婦驅車力，迴憶吴宫教戰時。惟是國家能尚武，士風世俗竟相隨。

乘西京丸出吴淞口東南行約六十里過鴨烏紗略停椗

此處出港線。西正望

大蕺山轉正東行夜子過花腦山轉東北泛大東洋

樓船穩渡鴨烏紗，花腦山頭不見花。回望中原滄海闊，感懷明月白雲遮。從今鄰國皆知己，走到天涯便是家。千里星軺波浪少，與蔡星使偕行。全憑忠信泛仙槎。

泊長崎港

妙景天然似畫圖，山形水勢盡縈紆。扁舟若有凌雲概，舢板極小，平頂淺底，載船客登海岸，無浪亦覺顛簸。仙子何妨折簡呼。偕友人飲於酒肆，有招妓侑酒者。華屋千家沿海岸，長隄一路達通衢。前途更有桃源境，明月清風與我俱。

由門司入瀨户内海渡周防洋三十年前内海爲禁地，不准外國船駛入。至神户風平浪静此間向無風浪。如駛輪揚子江

緑水洋連黑水洋，試從瀨户渡周防。相傳内海爲天險，卻有層巒護海疆。蜃市煙霞籠暮靄，漁家燈火雜星光。月明如晝波如鏡，前路茫茫闊復長。

同舟中村六三郎前爲皇家教育部長歸隱後嗜遊歷好詩酒持贈静岡縣駿東郡沿津町邸宅圖題詠

魯叟高風不可攀，舟車未得走瀛寰。明公久重三台望，此後仍多半世閒。公方五十餘歲。著

作原爲千古事，風塵踏徧萬重山。誰云聖代無遺隱，築室藍田竟不還。

神户領事招待會商董歡迎會均設盛筵假座諏訪山中華會館晚放焰火

賓主交歡盡一時，樽前玉簋錯金巵。異鄉杯酒通情話，祖國衣冠盛典儀。鄭重輶軒爭獻納，聯翩車馬郊驅馳。晚來現出蟾宫景，爆竹聲聲競鬬奇。

神户展輪次日抵横濱市

十二時來百尺瀾，西風送入相摸灘。枕邊濤浪都驚起，眼底雲霞足壯觀。險境過來如夢境，歐餐食罷餤和餐。驅車直入横濱市，知己相逢話舊歡。黎、歐兩參贊皆舊友，從東京來迎公使，相遇於此。

由横濱乘汽車至東京

平原百里盡膏腴，九曲灣頭水一隅。神武山川誇帝業，蓬萊村市頌堯衢。人文薈萃東都道，雄略經營北海圖。明治近年整治北海道頗有緒。嶺上梅花春色早，大森鶴見萬千株。道出大森鶴，見此地冬際梅花最盛。

同文會紹介子爵長岡護美適遇同車握談於京濱道中悤悤賦贈

多年恨不識荆州，此日乘桴海上浮。喜得萍蹤能遇合，再尋松徑訪清幽。詩名早已傳南國，文會於今創亞洲。時公爲同文會會長。異日放歌同縱飲，英雄千載各悠悠。

投宿日本旅館

席地原爲上古風，門前脱履鞠微躬。登堂先入如來座，憑几儼然自在翁。日人屈膝，華人盤膝，均似佛座，憑小几則頗適意。侍女履聲常沓沓，來賓行色各忽忽。茅檐板壁無塵垢，滿架琳琅點綴工。

京濱神長電話機關

關山迢遞置郵艱，片紙音書幾日還。空谷傳聲千里外，遠人對語一堂間。區區電力開風氣，處處靈機達市闤。知己欲來相問訊，此中消息好追攀。

飲日本酒

梅花竹葉味相同，誰謂瀛州别有風。同是杜康傳麴蘗，恨無陶令翦秋菘。笑逢紅袖心先醉，溼徧青衫興不窮。飲盡百杯歡未盡，還須十斗始稱雄。

近衛公爵篤磨招飲即席賦贈

疇昔聞大名，道遠不可即。今日始東來，欣然見顔色。握手問寒暄，持論多雄特。語語足匡時，聲聲皆愛國。不同壯士悲，獨具高人識。聞言誠景仰，低首還緘默。彼此篤交親，朝夕饜酒食。醉飽有餘思，願君長相憶。

長岡子爵護美招飲即席賦贈

與君初握手，如見平生親。今朝共談笑，美酒滌風塵。座上無二客，惟有主與賓。主人山海量，客亦江湖身。主醉客復飲，忘卻憶鱸蒓。

訪外務省小村外相壽太郎談考察事

咫尺蓬萊好問津，知君應是過來人。公曾遊歷歐美。開天遺物輸東國，歐美流風變大秦。海上春秋多幻想，胸中邱壑豈無因。敢將使命從頭説，願得神邦結善鄰。

訪文部總長岡田良平談教育事

魯叟當年問禮時，老聃曾作聖人師。舊邦新命今何似？美雨歐風日漸移。孔釋耶回稱並世，典章禮樂總無私。同文同軌逢斯盛，不問揚雄欲問誰？

參觀成城學校見中國留學生别設班次感言

幾輩英雄豈等閒，只因聾啞不隨班。啞啞學語如跬步，濟濟多才出故關。遊學之士如在本國預備語言文字，遊學便可插入彼國學生班。異地同堂誠幸事，三年期月莫空還。擔簦負笈緣何事？待爾歸來變梗頑。

外務省派員堺與三吉陪觀各學校

邦交友誼兩相親，視我非同陌上人。藹藹旭旂迎道路，琅琅木鐸見精神。連朝辛苦勤王事，一片眞誠愛善鄰。恍接平生詩酒伴，偏教耳目耆番新。

參觀高等師範學校 明治初元，就昌平校遺址創設師範學校，六年增設附屬中小學。

三十年前人，記識昌平校。明皇崇歐化，毅然變風教。初元建此學，膠庠改外貌。六年增附塾，舉國作模斆。文字融和洋，本根重忠孝。人才竞輩出，新學著成效。新學之謂何？科學是則傚。今來一瞻仰，如見管中豹。

參觀高等師範學校博物館

今者博物館，昔時大成殿。中懸孔子像，四賢配兩面。更有泰西教育家，旁及本國諸名彥。歷歷遺像挂環壁，煌煌遺書藏内院。不識先哲名，且讀高人傳。圖書模型理化器，陳列行行千萬變。兒童成迹盡玲瓏，褒賞丹青多彩絢。皆陳列品。此館當年組織難，此日教材流傳徧。普通實業與家庭，教授用具悉羅見。人文薈萃邦家光，安得遊觀不稱羨？

參觀女子高等師範學校感言

不知誰創平權説，近年吾國女界頗倡此説，但不自問學植如何。忘卻年來積學身。試看一堂開卷日，何殊三載下帷人？家庭母教從兹始，女子文才貴率眞。賢后親臨勤作育，明治七年，皇后臨御觀成，頒賜内帑，且紀之以詠歌，於今本校生尚傳誦之。於今二十七年春。

參觀東京府師範學校

昨日往神田，今日來赤坂。東京兩師範，學課分程限。或爲高等科，或爲普通撰。彼校國庫費，此校地方産。附塾有兩等，各有科條簡。師範實驗地，賴有附屬班。附屬教授者，半在肄習間。肄習多心得，教授自心憪。講師監左右，未嘗生倦顔。所習既弘暢，所用亦雅嫻。兒童心性理，脈脈盡相關。

與高等工業學校校長手島精八博士談工藝贈句

古來大匠誨人時，規矩方圓盡有師。此日躬逢新世界，教材須費巧心思。聲光奪得天工否？製作先求國貨宜。愧我未諳游藝事，偶然走馬得追隨。

賃屋移居署其門曰蓬瀛别墅自題一首

去年夢到瀛洲日，在鄂乞假遊學，當道弗許。今日來營别墅時。松樹結籬三數畝，梅花繞屋百餘枝。庭前僅可容旋馬，池畔居然有伏獅。終日樓臺詩酒樂，高山流水少心知。

參觀盲啞學校戲贈講師

訓盲訓啞事何奇，耳目無知心有知。造化弄人生缺憾，文明進化好扶持。怪他十指摩挲處，訓盲字母，以六點相聯貫，用銅板榨紙片板孔，每孔六點，以鐵筆點畫其間，或滿或否，皆按所製字母配合手摩，即可神會。賴爾千呼振發時。訓啞之法，難於訓盲。所謂十啞九聾，十瞎九靈。其教授時，手畫筆談，或以音樂代言，皆不足以盡其妙。非大聲疾呼，仍不能聽受。音樂按摩與技手，盲者多學音樂、按摩，啞者多學手藝。各成一藝職專司。

參觀東京美術學校

美人天下重，美術世間稀。繪事功先素，雕蟲技亦微。五金精鍛鍊，片木著光輝。理化原難測，模型不可幾。詳載日記。誨者與學者，規矩是依歸。

地震

忽聽山頹海嘯聲，彼蒼故作不平鳴。迅雷掩耳猶堪避，捲地埋身不再生。習俗相傳巖火洩，深宵疑是玉樓傾。祝融税駕昭靈驗，牛込神田兩處驚。俗傳地震後必有火災，果驗。

參觀東京印刷局及王子造紙廠歸途贈局長得能 通昌

創業誰知締造艱，經營二十七年間。箕裘既克承先志，該局爲得能君封翁創辦。柱石於今豈等閒。大府泉刀資挹注，紙幣歸該局專造。歐邦文化盡追攀。洛陽從此增聲價，鼎鼎隆名振市闤。

參觀帝國醫科大學感言

時流早厭神農氏，世俗相傳歐美風。病理推原心理學，西醫爭競漢醫功。當年專恃調和術，此際胥求解剖工。萬事都須眞閱歷，四年實習技難窮。

參觀華族女學校感言

家家華族重生男，女子無才亦自慚。漢室班昭稱博學，周廷王后尚親蠶。倘能姆教通文化，論到閨房盡美談。千古名媛天擅少，三從四德舊相諳。

蔡公使來賀新居

遥看赫赫高軒至，知是皇皇使節來。俗態寒暄迎貴客，敝廬風雨滿殘杯。樓頭卻少輝煌物，庭下猶多碧緑苔。且喜今朝鄰甕在，與君共話醉蓬萊。

參觀帝國農科大學 内分農學科、林學科。

明明學子作農夫，講堂授課外，試驗場實習最多。東作西成亦步趨。耔種偶參新學理，歲時恪守舊皇圖。平原地質終難變，植物砂防在救枯。更有森林徵利用，十年百畝萬千株。

與蔡公使商辦留學生會館事唯諾間多疑議憤而書此㈢

憐才報國兩相當，遊子何曾有别腸。指留學生言，因聞公使意謂會館一設，倡言革命，種種逆行皆將聚議於此，故作此言以闢之。愧我未能開廣廈，予雖極力組織，尚賴公使提倡。勸君少許解官囊。前途但可籌棉薄，予力任内，渡後籌捐，以補助之。來日何須備裹糧。公使不助常年經費亦無不可。此計原非饒舌事，三翻四覆費商量。

川島浪速將赴北京警務監督之聘招飲偕樂園留别

試從滄海望京華，借箸長才定警衙。此去文明多變幻，中原草木漸萌芽。遒人木鐸宣新令，游徼官常出漢家。我愛瀛洲行不足，春風先送使君槎。

遊勸工場

三五層樓列市衢，此間陳列萬般殊。尋常品物胥平值，特别珍奇待價沽。惹得遊人多逸興，況當勝境在通都。洛陽風月長安夢，不識分塵得似無？

澀江保過訪論新教育公著有通俗教育全書。

君家偉論開茅塞，我國前途闢草萊。宗教紛爭歸一貫，歐風薰炙竟多材。明治維新取法歐美，於是有國粹主義、歐化主義二派。國粹即保存漢學，歐化即效法西學。當西學輸入時，有兩大問題，即教育之標準與宗教之標準。教育問題或主張舊學，或欲去國界，全師歐洲。宗教問題或欲宗孔教，或欲宗佛教與神道。福澤建議至欲盡廢孔孟，其傾心歐化如此。相傳魯叟稱時聖，誰識盧梭是霸才。此日但求通俗訓，日本近年更重通俗教育。詩書豈不著塵埃？

東京陽曆新年

初度蓬萊海國春，逍遥眞似謫仙人。形骸不受衣冠束，予客此間，賀年亦著便服。耳目欣當景物新。日御調元今建子，星軺小住慶良辰。栽松種竹環朝市，新年裝飾，家家門外種雙松樹，夾以緑竹。一曲薫風達紫宸。國慶民歡氣象於兹可見。

讀明治史恭頌天皇

三十年來新政治，廿一世紀大文章。唐虞以後無斯盛，歐亞聯盟賴自强。聖主賢臣能共濟，皇權憲法兩相當。寰球帝統稱唯一，神武山川國祚長。

東京同文書院開校近衛公爵長岡子爵柬邀觀禮

昔在春申浦，得識井手君。同文會會員井手三郎。偕遊桂墅里，歌詠紀同文。滬校在高昌廟桂墅里。

今來上國遊，一一曠見聞。適當新校立，益益動懽欣。彼此鄰家子，原無畛域分。交通新智識，鼓吹大風雲。豈徒齊傅善，不慮楚咻紛。滬校生徒皆日人，日校生徒皆華人，善哉，引置莊嶽之法。造成雄偉器，盡是國民軍。據聞，日本國家亦頗贊成此舉云。

過長岡子爵家賦此

隅田川上小名園，人境偏無車馬喧。松樹結籬魚在沼，櫻花繞屋鶴當軒。芙蓉闕下霓裳舞，鸚鵡樓頭笑語繁。疑是天台仙子住，風光猶勝武陵源。

與下田歌子論女教感言

世界茫茫誰獨醒，無才多福本何曾。諺云：『女子無才便是福。』本屬謬説？平權平等不平學，閫範憑何作準繩？

古來名媛盡多才，智識都由學問來。鄭重前途眞道德，莫因歐化自相摧。

自題喬梓登瀛圖小影

談瀛今日竟登瀛，從此瀛洲博盛名。有客呼兒將美酒，擔簦何敢望前程？傳家不廢詩書訓，遊子難拋骨肉情。休問後來成敗事，箕裘弓冶早心輕。

自題戎馬書生小影

少時好躍五花驄，鞍轡勞勞意氣雄。猶憶請纓趨闕下，曾經拔劍出關中。十年風雪投鞭去，萬里雲煙過眼空。差喜書生今未老，回頭走馬説從戎。

伊澤修二來訪擬乞贊助泰東同文局事

歐亞圖書集大觀，開通社會壯文壇。典墳古册傳金匱，玉石徽聲出枕丹。愧我題名空贊助，知君創業費艱難。寒家粗有殘經卷，尚待尊前一笑看。

參謀本部派田中大尉新助末吉譯官保馬陪觀海陸軍及聯隊各學校

翩翩陪從日相親，軍禮優隆接外賓。漢使觀兵邀曠典，班門操斧笑文人。吳戈越箭都無用，鯨鼓龍刀競自新。知是皇家韜略富，豈徒將士裕經綸？

參觀陸軍幼年地方中央兩校

府中年少幾多人，童子軍前壁壘新。訓練都從今日始，指揮方見將才眞。王侯雖貴皆從學，校生有稔彦親王、鳩彦親王、久成親王，年均在十六歲上。豪傑由來仗此身。信是東邦民氣盛，果然尚武振精神。

參觀陸軍士官學校

將帥掄才重士官，也隨雁序入鵷鸞。勳華多少圖麟閣，教化從容出杏壇。學術分明爲兩事，校課分術科與學科。功名莫作等閒觀。王師赫赫憑誰寄，道是干城心腹難。

參觀陸軍騎兵實施學校

教馬誠奇術，新馬調教，能使種種嫻習。稱名更罕聞。馬皆有名，一呼即應。輕乘賽龍虎，飛步似風雲。演習各技，惟輕躍乘法尤爲絶技。半屬天南種，除本國産，其外國産則澳州居多。常空冀北羣。華産甚少。怪哉小韃靼，有一馬署名韃靼，滿洲産，身材極小。也有五花紋。毛片可愛。

參觀陸軍步兵實施學校 即户山學校

來賓方獻歲，中歷元旦。走馬去觀兵。試看從軍樂，幾忘作客情。驅車勞跋涉，整旅賽縱橫。依山而爲壘，掘地而爲營。列陣與射的，擊劍與飛行。演習約分三種：一教練陣式，一教練打靶，一體操，劍術、自行車亦列入體操課内，奇技百出。勢如臨大敵，人若從遠征。從容各奏技，贊歎莫能名。

參觀近衛步兵第四聯隊晤總隊長梅澤道治及山田河野兩君有感

喜從馬上識三公，果有名軍大將風。十萬鯨鯢今未老，三千貔虎尚稱雄。柳營重整新師日，時方教練新兵。萍水相逢逆旅中。誰信遼陽當日事，不曾一戰決西東。甲午之役，三公皆與其列。據言，我軍始終未曾決戰。

偕皖籍留學金伯屏邦平等十三人與潤兒同撮小影 新正四日

客中心迹最相親，海外相逢有幾人。杯酒偶尋桑梓樂，文章當與歲時新。樊深遊學通天算，張翰思鄉憶膾蒓。鴻雪因緣泥爪印，且留紀念在東鄰。

參觀近衛步兵礮兵工兵各聯隊

前日觀步兵，揚揚振旗鼓。昨復至青山，步兵駐青山，礮兵亦駐青山附近世谷ケ町。今日來赤羽。工兵駐赤羽。礮兵與工兵，各自有堂宇。戰術與馬術，亟亟爭先覩。步兵何所長？奔走如龍虎。礮兵何所長？彈丸勝刀斧。工兵何所長？掘隧與鑿土。野戰之礮兵，特別列行伍。野戰礮兵聯隊與礮兵聯隊同駐一處。庖役及技手，人人皆習武。各隊均有縫工、靴工、銶工、鍛工、木工、鞍工、蹄鐵工，此等工匠，其入隊時皆是充當兵丁，教練一半年後，略知軍事，各取所長，畀以專工，臨戰時可備徵補。庖丁則於每週間派兵輪值，亦有常留值事者。另有買辦，派下士官充之，廚司另有總理人。未聞有長夫，中國軍隊有長夫、伙夫。不見有童豎。中國軍官喜用狡童，間有幼年充數之弊。冬日歷霜雪，夏日衝風雨。飲食不求甘，居處不嫌苦。軍士多飲涼水，食麥飯，數十人共一室，服被皆氈。無時得安閒，無日不貧窶。容貌最莊嚴，行步循規矩。用能成勁師，以爲王室輔。

參觀礮兵工廠後與本莊君偕遊後樂園懷古有感

山形水勝似匡廬，世變空嗟歲月徂。幕府門前誰繫馬，名園池畔歎無魚。梅林荷沼今猶在，麟閣鸞臺勢已虛。獨憶當年朱舜水，行人懷古枉躊躇。是園現屬礮兵工廠，從前幕府勝迹，明代朱舜水東來時所倡建。高山曲澗，悉出天然，古木斑斕，皆舜水所攜種。有梅林，有荷沼，亦有扁舟，更有茅亭，別有沙泥。所築之室，室内竹桌，鉤心鬬角。造成清水觀音堂供佛像，得仁堂供伯夷、叔齊像，八卦堂供德川幕府像。又有蓬萊島、蜈蚣山等形勝，登臨遠眺，一覽無遺，遊者不禁今昔之感。

參觀東京衛生試驗所

該所隸内務省，專爲試驗藥品而設。無論内外國所産藥品，須經該所試驗，加封後始准藥店出售，恐滋流毒之故。牛肉、牛乳亦間有試驗而後准售者。

歸寓偶成二絶

萬物無涯吾有涯，莊生豈爲解牛嗟。但期慎食占无藥，差勝人間畫足蛇。予素不信醫藥，故云。

養生那識衛生難，半喜肥甘半厭酸。都得醫家經解剖，試驗必先解剖。尋常飲食即仙丹。

參觀海軍大學校

名邦將佐盡多才，學生皆官大尉、少尉等職。甘苦都從此日來。經濟貴能操勝算，帥兵術之軍政學首重經濟。圖書無事不親裁。兵家最重談天術，航海、天文，海軍要學。戰地先登望氣臺。海上氣學，亦海軍之要學。學古入官良有獲，國家教養厚栽培。

挈譯員吳禄貞參觀横須賀造船廠及海軍機關學校並登朝日丸軍艦均由鎮守府參謀長向山大佐慎吉接待又派齋藤大尉半六陪觀書此誌感

高山獨巍巍，滄海共悠悠。鬬山爲曲港，導海爲細流。於此作軍港，儼然小瀛洲。港形雖窄狹，地勢極清幽。既遊造船廠，復登朝日舟。更有機關校，一一盡研求。生徒充通譯，將佐結朋儔。兵戎各致敬，酒食復相酬。盛情良可感，待遇抑何優。

參觀郵便電信學校

寰球最重交通利，百技都須練習成。儻使東邦循舊治，焉能北海達皇京？置郵端賴舟車力，傳電兼行水陸程。鄰國造才無限量，神州何日放光明？

游德川氏家廟

赫赫威聲歷四朝，一時只數霍嫖姚。季庭佾舞今何在，幕府金鑾迹未銷。廟貌輝煌增閥閲，皇恩寛大賜瓊瑤。日光台德優崇祀，廟門額署「台德院」，係德川氏二代以次之墓殿，其一代祖墓在日光山。想見當年氣勢驕。歲逢大祭，諸侯參拜，各循階級。

參觀學習院 該院貴族子弟肄業居多，午前教以文事，午後教以武備。

貴胄翩翩多少輩，華堂望望百餘間。掄才恐被聲名誤，攻苦胥知物力艱。禮樂詩書原並重，文章韜略盡能嫻。學人兼備軍人識，莫謂王孫是等閒。

下田歌子邀赴女子工藝學校及實踐學校兩校參觀 該兩校皆下田私立

鍼織由來重女紅，盡將十指奪天工。該校亦以縫工、繡工、絲工、花工爲專技。蘇娥迴錦翻時樣，洛浦貽綃有古風。唐蕭曠遇洛浦龍王之處女，善織綃，於水府出輕綃一匹以贈曠，曠甚寶貴之。今該校見贈綢織、紙織、通草花等物，故云。題葉造花新製作，繪事造花。臨池伏案計程功。習字讀書。三年期月觀成效，歲齒才華約略同。

遞信省看試驗無線電信

電術非無因，機關重依附。凡傳電處，非依附銅鉛線不行。今忽脱線索，詎從雲霄渡？初見歎神奇，熟思探原素。半空與眞空，一氣筒中注。銅柱二尺餘，兩地較度數。海程百餘里，宛若同堂晤。其法以圓鉛筒二：一爲空氣筒，口半塞形，似太極；一爲眞空氣，長約四五尺，繫之以繩，懸於室内。另有趕電機，柱高二尺許，置於桌上。兩處機器相同，趕電機柱針指某處，即達某處。其受電機電火約距四五分遠，能相擊。接彼處電機，自動即可逕達。通電法以鉛筒空氣爲關鍵，所畫字碼與尋常電報同。據言，海程相隔百數十里能通消息。前於横須賀至廣島，曾經試驗。取攜誠便捷，消息無沉涸。但恐遇敵軍，彼亦有是具。偵悉度數，遥遥相合。得毋防要截，豈能免洩露。試問創作者，何以保穩固。

參觀巢鴨監獄

矗矗層樓數十重，囹圄盡改舊時容。現皆歐式。幽囚還習詩書業，講席頻添仙佛蹤。該獄内有教務所，樓上設大講堂，中座供佛，向有講師五人，以本願寺僧充之，訓育道德並讀書習字事。百藝經營無曠逸，一時陶鑄化頑凶。獄中各種工藝，視罪名之輕重，定手工之粗細，按日均須執業工場。小人悔過皆君子，從善當如再世逢。

近衛長岡珍田諸君送行新橋停車場夜飲留別

王事馳驅得勝遊，曾經滄海大春秋。風光足壯輶軒色，杯酒難忘世俗憂。共歎斯文將日替，日本近年漢學漸衰。空嗟吾道爲誰謀。近衛長岡頗注意於文教。今朝臨別無他語，尚待重來借箸籌。

參觀大坂造幣局感言

名邦神武世相傳，圜法於今亦變遷。九府三官參古制，五銖半兩化新錢。廣儲永保虛金位，每年約鑄各幣值金二千萬元，可謂廣儲。但市面通行者係紙幣，故曰虛金本位。利用能操國幣權。無論何國人，在日本須用本國國幣。客自外來須問禁，各外國幣皆禁用。不須市儈與周旋。上海向用外國幣，然操之市儈手耳。

偕市川君游西京

此身疑入大羅天，風月多情佛有緣。清水寺中登絶頂，琵琶湖上看行船。（疏水便船）其疏水法，蓋以導湖水，越三山，逾高地而灌溉農田。水道深不盈尺，即澗泉所流出者，曲折上下約二十里，其高坡兩水斷絶處，安置鐵軌，用電力曳舟而行。另有水床與此鐵軌合轍，床置水中，船入床内，順逆交推至有水處，則仍用篙槳，是誠陸地行舟之法。釋迦環繞觀音院，三十三間堂，主座觀音像，兩廡間三萬三千三百三十三尊佛，香火極盛。門前有夜泣泉，不知何所取義。瀑布遥通夜泣泉。聞説東山絲竹盛，人人到此即游仙。

擬在上海建設江皖師範學校呈請督撫贊助 壬寅四月

輶軒一得本無奇，侃侃陳情不自疑。最惜多才嘗委棄，願將吾道範驅馳。嘗以興學，必先造就師範。進言峴帥，頗採納之。庸流早被文明誤，歐化徒爲習俗移。往往略識西文西語，並不知西學爲何物，即自號爲文明。更有廢中學而專習西文者，習俗漸壞。倘使儒林崇道德，誰云海内少名師。

壬寅七月奉大府命赴東京密查事件與近衛長岡諸君重晤有感

一年兩度得逢君，鸞鳳飛棲總樂羣。萬里征塵憑酒洗，滿腔熱血説誰聞。新春勸醉詩猶在，今夕談心意更殷。勝地重游緣未了，明朝客夢又離分。

壬寅季冬改官晉省委辦機器軍裝火藥等局兼總理營務處

拋卻妻兒干禄來，可憐可笑更堪哀。嗟予本是農家子，自問原非大將才。縱有長纓難用武，廣儲利器貴多財。何如力説招賢事，條陳興學及廣派游學事。且勸文侯築魏臺。

癸卯五月奏派督辦警務學堂赴日本延教習並調查現行警務溽暑就道

兩年三度游蓬島，萬里孤蹤出固關。游徼原爲當世重，星軺此去幾時還。師資豈乏傳心術，人格終憂學步艱。外國警兵即巡查，多係高等小學以上中學畢業資格。試問舊邦新教育，可能大德不踰閑？

謁袁慰亭宮保參觀直隸軍政警政㊂

汾陽一出驚回紇，諸葛隆名震夏夷。帝國干城今有託，哲人作則共交推。雄師赫赫眞無敵，王道平平不拾遺。藉使中原如一轍，强鄰何敢故相欺？

大東洋舟中作

萬頃波濤一夢中，吟魂醉眼兩朦朧。鄉心早付東流去，幻想於今百慮空。過目榮枯如逝水，隻身輾轉似飛篷〔一〕。明明觀海難爲量，詎向清時說不公。

北清線門司直放船紀程

首夕發芝罘〔二〕，次夕望威海。是夜出魯境，黃渤水所匯。漸入朝鮮洋，木浦山下頮。對峙即仁川，小山復磊磊。形勢極險巇，左右皆硊礧。舟行既遲緩，柁聲故款乃〔三〕。還須一晝夜，始見煙霞改。待至六連島，距門司三邁路。門司即住在。

東京巨富大倉喜八郎招飲於其家導游家中博物館贈二十韻

主人心自遠，廬宅地非偏。入門見銅像，大門院内右側，建石臺於平地，塑一銅觀音像。主人信佛，不問可知。知有佛家緣。拾級登層樓，樓頭張盛筵。寒暄坐未定，游覽户將穿。高山築華館，巍峨在山巔。山巔何所有，古柏兩三椽。魚鳥與花木，游戲各爭妍。館中何所設，釋迦二千年。其中佛像，最多有二千年前印度釋迦古佛數十尊，洵爲世所罕見。泉刀和盤鼎，羅列盡滿前。更上一層去，恍若欲登仙。舉頭望風景，揮手掃雲煙。碧樹繞牆壁，紫氣壓山川。遥瞻宫闕麗，俯瞰市曹聯。最上一層，遥見宫廷風景，俯視畿原，瞭如指掌。空中大樓閣，其間誰居焉？先生負盛名，福地不虚傳。游觀常不足，憑眺復流連。轉瞬夕陽下，旋開不夜天。紅裙動歌舞，白酒助管絃。一曲飲斗酒，一飲賦長篇。曲終飲亦盡，主客共陶然。

參觀沖商會電話製造兩廠所感言

學貴專門業，誰無獨立時。造成希世品，不負遠游期。據聞，該商會主人游學歸國，創辦斯業，稟請官准專賣。歐化輸來久，良工大有爲。競爭新市界，國貨好維持。

訪大浦總監兼武於鎌倉別莊

幾生修到武陵源，一出塵寰便耐煩。富貴如君猶避俗，風霜欺我更何言。山陰道上征衫濕，北海樽前醉墨翻。游徧京濱無此樂，今朝獨訪尚書園。癸辛雜識：吳興有南沈、北沈兩尚書園。

予歸東京僅數日，大浦君果升遞信大臣，此乃佳讖。

游上野動物園

曾游日下萬牲園，那勝蓬萊鳥獸蕃。善走麒麟難出柙，雙棲鸚鵡盡能言。西鄉義犬身將老，福島征鞍馬尚存。魚鼈黿鼉聊備體，但觀羣動效飛奔。

參觀東京市谷新監獄

巢鴨規模極壯觀，此間建築地猶寬。囹圄重闢光明界，室中皆有透光線及自來水，晚燃電燈。縲絏同登禮樂壇。典期無刑推聖澤，誅非不教賴賢官。自新更可多希望，律令原爲塞異端。

再晤長岡子爵惠贈影宋本尚書蕉堅稿南清游草詩以紀之

去年兩度還須别，此日重來分外親。絶海遺編何所報，蕉堅稿爲絶海國師著。尚書善本更堪珍。南清游興多佳作，南清游草，公自著也。老杜風流見性眞。爲問尊前新著作，能將幾卷示行人？

警察監獄學校聽講

不執弟子禮，不納束脩金。突爾親壇席，豁然擴胸襟。馭人先返己，講學貴通今。問難多新得，研求不自禁。箇中觀實習，座右奉良箴。欣欣頗悟覺，口授入心深。

小村外相贈絨織畫大幅

天鵝絨織産名邦，半作屏風半作幢。惟有主人情意重，頒來嘉貺竟無雙。

大浦遞相贈天鵝絨織富士山圖並西式繡緞桌挂等物

伻來拜惠受多珍，行色頻添錦様春。長憶良朋懷琚玖，此心此物總相親。

宴外務省警視廳諸長官於帝國酒店

上國觀光一再來，金樽此日爲君開。相逢幸少新朋侶，勸醉當能盡酒杯。願與德鄰同進步，豈徒歐化共交推。修明内政崇邦本，俊傑誰非濟世才。

參觀日本市村各處現行警察感言

從知警政貴交通，偵察消防技術工。户籍混淆終罔效，人材造就學無窮。俸錢不比身家重，事役雖微體制崇。歸去將何稱獻納，明知飛將本無功。

偕教習柏原公敬寺坂藤楠並挈軍曹有馬金次内渡

爲國招賢來異地，與君此去濟同舟。相逢萍水皆知己，今到神州亦遠遊。東望蓬萊縈客夢，西瞻泰岱入深秋。皇皇明詔徵游徼，敢向尊前借箸籌。

奉委兼任巡警總局視事書憤

戰陣如何驅市人，疲癃殘疾更因循。衣冠不改唐虞舊，耳目安知世界新？吏卒識丁無幾輩，癡聾荷甲嚇愚民。從今休咎憑誰任，莫笑區區獨臥薪。

督辦學務處通檄各州縣勸游學事 甲辰

閉户人如井底蛙，後生可畏向誰誇。譬如强識之無字，自問能不讀五車？掄才容易造才難，尸位能無愧素餐。惟有文明輸運計，他年或可勝三韓。

編譯東西洋教育史三卷署曰萬國教育源流考題詠

九州風化隆三古，教育源流自此開。虞夏商周崇國學，詩書禮樂鑄人才。東方佛法隋唐盛，日本學校始於寺院。西土文章羅臘來。羅馬臘丁文字最古。今日評題新校制，紐華衆口最交推。紐約、華盛頓實冠寰球。

編譯日本學校章程百三十六種及小學校新令付梓題詠

萬里輶軒何所得，一編圖籍紀前程。皇皇新命崇歐化，郁郁斯文憶漢京。長幼胥知倫理重，小學曰修身，中學以上曰倫理。工商獨與世途爭。軍人韜略皆童習，三級六科集大成。

纂輯武備志略十二卷各國操法及海陸軍制度題詠

茫茫海國亘西東，兵法官常各異同。但見英雄多保障，豈知教育在兒童。春秋戰國難爲例，今古奇觀即此中。一介書生戀戎馬，敢將心得折予衷。

纂輯日語類纂前後編題詠

啞啞學語憶童時，尚覺無知若有知。老大偶居莊嶽地，揶揄能解懿孫詩。張繼楓橋夜泊詩，日人婦孺皆能成誦。假名粗習三年後，會意原無一字奇。鄭重方言如此日，但教囁嚅勝聾癡。

奏派赴日本商辦游學並選派學生五十三名隨往孟秋首途作甲辰七月

聖明嘉納採蒭蕘，予曾條陳廣派游學，籌給官費。取士深防士氣囂。此去同舟親檢點，後來有志待徵招。明年決計續派游學。人間越俎休相問，我輩登瀛亦自超。拭目歸來多建白，將何酬獻報天朝？

謁日本文相久保田讓擬商指定游學學校

自慚皋比少新知，簦笈提攜遠就師。深賴德鄰宏教育，從今後進得扶持。但期擇善求三益，亟望成才得幾時。此日異鄉皆得所，吾徒敢不奉箴規。

日俄戰事京濱等市有奬兵犒軍義勇忠愛祝捷各會東京築凱旋門感歎

滿城風雨競相誇，老幼扶攜笑語譁。旅順遼陽同奏凱，不知戰地是誰家？

游日比谷公園飲於松本樓

野草閒花欣共賞，嘉殽旨酒恨孤吟。座人相顧不相識，愁醉悲歌還自斟。

參觀橫濱正金銀行總行

鼎鼎隆名震寰宇，煌煌華屋冠橫濱。交通全賴皇家力，怪得年來事業新。

假座帝國酒店爲晉省留學生創設同鄉會

後來事業憑君創，海外交親比我深。況屬蔦蘿共桑梓，行將蘭芷結苔岑。忝爲先導循天職，樂與羣賢豁素襟。從此會盟植基礎，尚期君子訂良箴。

警保局長有松英義餞别於紅葉館

繁華市裏小樓臺，此日金樽爲我開。博士風流今未老，故人詩興復相催。珠翹鬟朵當筵舞，高髻纖裳勸酒來。醉未成歡將離别，隔年應許再追陪。

神户諏訪山常盤庵温泉沐浴

金鋪玉甃注硫泉，灌草浸泥似火燃。惟有浴身消百病，温柔和煖勝神仙。

重遊西京

隔年又見京都勝，今日重來古寺遊。獨是祇園歌舞地，未曾問徑作勾留。

布引温泉沐浴並觀瀑布

諏訪山頭泉色黄，如何布引出清湯。豈因瀑布當衝道，獨注中流一線長。

友人攜酒偕往鷹取山飲於麥氏别莊

一出郊原外，山谿别有天。菊籬千百種，茅屋兩三椽。海岸觀漁火，秋蟲伴客眠。攜來彭澤酒，坐聽伯牙絃。花徑迎新月，行廚動晚煙。雖非招隱處，福地即神仙。

粤商公宴於留春别墅

朋輩年年勞送迎，柳娘桃婢也多情。樽前一曲霓裳舞，都向留春院裏行。

長崎皆花園温泉浴後賞菊小飲

常盤布引盡名泉，海市風光逐地遷。每憶華清池上月，何如陶徑鬭芳妍。

游朝鮮之釜山仁川漢城等處感歎二律

夙負三韓望，皇皇一帝鄉。强鄰肆蠶食，舉國若蜂狂。黨派甚多。穴處閭閻少，平原草木荒。市闤漸凋落，觸目客心傷。

初入朝鮮境，舟車達市衢。誰知賓奪主，只爲虢鄰虞。沙漠風煙冷，山川氣勢孤。皇家多闕事，何忍問前途。

朝鮮新改西服自外交官始感言

二三千載古衣冠，箕子遺封重漢官。朝帽烏紗頭上挂，春衫白紵袖間寬。明知强項從歐化，忍待新朝改舊觀。聞太上皇已退位。東海波瀾方亟亟，寰中今日有誰安？

乙巳春創辦晉省師範校兼任督理

聖朝崇實學，大地慶多才。半載經營去，諸生踴躍來。明知難報稱，何敢故遲回。待聘高明者，予將脱蚌胎。

乙巳孟秋護送續派游學官紳學生東渡擬即乞骸歸江南

當年嘲我爲毛子，講西學者，人皆呼爲二毛子。此日登瀛共幾人。黄鶴高飛難掉首，孤鸞遠去得完身。盈門桃李將誰屬，當道豺狼不可馴。落落空嗟同志少，自知辜負晉陽春。

天津展輪後遇颶風閲五日抵長崎諸生欲舍舟而就陸因賦長句

乘風破浪出津門，滄海茫茫幾斷魂。無數少年悲逆旅，惟予獨坐對清樽。遥看山色開迷徑，走到天涯自有村。明日與君登大陸，波濤從此弗須論。

山西留學同鄉開歡迎會於清風亭挽予歸晉晉人之意甚殷賦此誌感

自愧三年無建白，竟教諸子錯垂青。謬膺重任終難稱，警唤前途久未醒。傲骨原知空感憤，庸材何敢歎飄零。生平不善逢迎術，知己誰爲薦漢廷。

安徽留學同鄉歡迎會

迎送年年拜盛筵，上年，洪君竹蓀等四十餘人設西餐於富士見軒。萍蹤聚散總前緣。吾鄉惟有蓬萊近，甫脱征衫又著鞭。

乙巳秋九親送兒媳偕往東京留學

曩時曾賦訓兒吟，願作吾兒座右箴。伉儷深情勵同學，文明進化慰親心。征人莫效臨涯歎，壯志休教半道沉。彈指光陰容易過，一身成敗在於今。

乙巳冬改官江南

十年重度江南歲，萬里曾經滄海波。回首門牆桃李徧，傷心道路莽榛多。閉門合就官中隱，對客狂吟醉後歌。差喜鬢眉猶健旺，此身暫緩學頭陀。

乙巳季冬皖紳公舉赴日本勸導留學生

舊感增新感，無情總有情。予與留學界感情夙深。只因桑梓重，翻覺蔦蘿輕。公舉義不容辭，詎料親族游學歸國不少。激烈多新進，和平近老成。要憑三寸舌，一一慰前程。

與馬相伯蘇省公舉梅斐漪贛省公舉兩觀察偕行

攜手登瀛恍若仙，萍蹤詩酒總前緣。茅山道士新知己，茅山屬蘇省，馬公蘇人。公弟眉叔與予夙善，公乃新識。廬岳高僧正少年。廬岳屬贛省，梅公贛人，年二十八歲。獨羡伏波雄自盼，馬伏波顧盼自雄。更知月旦善稱賢。晉梅陶居鄉里，立月旦評。同舟共濟傳佳話，醉把清吟寫素箋。

東京皖同鄉會設公讌於憶蒓園即席

七度瀛洲五遇君，簡編歷歷紀前聞。詳載日記。可知昔日青雲意，今日移來向白雲。

丙午元旦假座清風亭開新年懇親會

客裏春光滿眼前，家家送歲更迎年。誰言鬢髮無霜雪，人到蓬萊勝佛仙。最羡鴛鴦新伴侶，幸逢詩酒舊因緣。故鄉父老如相問，惟有平安兩字傳。

赴日華學生會之約

人情國際兩無猜，乞取仙丹換骨來。鎖國原非匡世策，攘夷不是濟時才。睦鄰自古垂明訓，緣木何嘗有後災。美雨歐風吹不到，年年海客送春回。

潁府同鄉留學生開特别會於味蒓園歡送即席

今日客鄉似故鄉，翩翩結隊爲誰忙？交情還比汪淪厚，難道山高與水長。

皖師範留學同人開特别會於味蒓園歡送即席

悠悠萬里涉風塵，壯歲原多有志人。鄭重前途愼終局，勸君莫歎阮囊貧。予允爲籌官款協助，故云。

丙午四月奉江督委赴皖省調查全皖學務歸途感言㈣

譬如晚稻始萌芽，坐待收成眼望賒。荆棘園中植桃李，豺狼道左雜牛蛇。憐他無數驚弓鳥，因鬧風潮停學者不知凡幾。恨我難爲反哺鴉。慚愧小臣爭獻納，報告書八千言，另附表册。皇仁何日普荒遐。

查學過潁就家祠創設千倉第一義塾

遺訓煌煌在簡編，乙未重修家祠，先君捐田千畝，專辦義塾，今始舉辦，已恨遲遲。漫將祖德不流傳。今將先業承先志，豈爲沽名創義捐？

不才忝作鄉先導，熱血狂噴晚近間。獨惜千倉非闕里，文明遠隔萬重山。

丙午仲冬奉大府命赴日本朝鮮勸募皖北義賑㈡

故鄉饑饉事堪哀，王事馳驅今又來。祖國生靈誰共拯，華僑慈善素交推。緣何不受鄰邦惠，恩中丞屢電，堅執不受外人賑金。惟願多輸府庫財。面乞端帥，撥款協濟。桑梓相關情義迫，長途豈敢少遲回？

丙午除夕由馬關乘壹岐丸次早即丁未元旦入釜山口换船至草梁驛附汽車赴漢城道中度歲

時逢新歲夜行客，我爲蒼生請命人。釜港草梁太淒寂，晚來始見漢城春。

漢城投宿日本旅館櫻家

漢家城郭薩家樓，『櫻』字，日本俗讀『薩古臘』。杯酒圍爐破客愁。不料夜深冰滿頦，鬚髯凍結被窩頭。此生平所未經，何竟一寒至此。

丁未四月奉江督奏派總理江南銅冶山鑛務(六)

盛朝不設冶銅官，强執監司一例看。果似昆吾多丹石，何妨小試作商盤。

戊申春初赴日本視察鑛業

雲根山骨渺難尋，勝境重游樂醉吟。眼底蓬萊天産地，袖中東海故人心。時有船津領事紹介，中島男爵導觀各鑛。通都煙景當猶昔，峻嶺風光獨步今。大尻橋頭一回首，老僧定許是知音。中禪寺湖前有橋，名大尻。

由長崎乘汽車晚宿博多

窮鄉罕見唐人迹，從前日本人呼中國人爲唐人。深夜相隨明月來。和服歐冠誰辨識，今回九度到蓬萊。

由博多乘車至飯冢道中遇嘉穗郡礦師千葉正初告以古河煤鑛須在小竹下車抵小竹果有社員來迎賦此誌感

盲人舉足盡迷途，每到他鄉勢更孤。獨感使君指導意，青雲得路範馳驅。

視察古河石炭鑛後足筋折傷一晝夜即告痊可歎可笑

人言无妄亦天災，折足難誇問世才。卻喜按摩來伴宿，回春妙手迅如雷。餘詳日記。

東京古河鑛業會社社長中島男爵久萬吉派員陪往足尾視察銅鑛過日光約三十餘里沿途另派社員招待備酒食山中向多雨雪道路滑沓峯嶺崎嶇乘籃輿至枥木平換坐鐵道馬車抵足尾道中所見書懷

行人鬢髮雪霜多，半坐籃輿半臥羅。輿即羅形，半坐半臥，二人肩之，步行極速。百尺梧桐蔽天日，十圍松柏貫星河。千尋瀑布中流注，該礦廠即借此瀑布力爲發電機。萬頃森林一抹過。山徑崎嶇如世路，願君聽我放狂歌。

坑中作

不識天堂路，誰知地獄門。荒山別開徑，寶藏抉靈根。深似桃潭水，遥探玉洞痕。坑中升降處，坑中置有升降梯。咫尺小乾坤。

入　坑

布衣草履萬夫同，入坑須更布衣，著草履，戴便帽。道路茫茫黑暗中。一綫光明猶在手，手提安全燈。此間疑與九泉通。

出　坑

偶然一躍光明界，忘卻前途黑闇時。沐浴涵濡整形體，出坑先沐浴，後更衣。此身勞逸寸心知。

觀鐵索荷扱場 此與電車綫柱相彷彿，沿路置有壓機，貨物可以直輸上下，較之運道周折又需人力，既省且速。

空中輸運極奇觀，如此何憂蜀道難。獨惜飛行無善技，崇山峻嶺路漫漫。只能載物，不能載人。

鑛山所見

鑛役由來執業微，人來執業竟如歸。鑛夫多攜家屬來。兒童教育憑公給，會社設有中小學及幼稚園，取費極少。疾病醫療得所依。礦山設有病院。倉庫盡儲家用品，售與礦夫，取其便宜，非博利益。婦孺都有養生機。男女老幼各有執役。興工不費招徠術，千百蒼黎少是非。

足尾古河鑛業會社專車派員迎至礦山倶樂部供張極盛侍從亦多臨行誌感

車馬勞勞酒食繁，今朝臨去尚攀轅。連宵醉話成佳夢，一紙泥金贈別言。書贈泥金匾字數幅。萬里關津空跋涉，九編圖案溯淵源。貽我礦業圖案九種。儻能鑄得銅山日，敢向尊前作後援。銅冶山礦質甚佳，故云。

戊申二月奉軍督命督辦萬頃湖屯墾局

半生閲歷盡艱難，故國爲官膽更寒。地屬皖省，奏派大員督辦，委當、蕪兩縣令充提調，確是官辦，非紳辦。
千頃居然呼萬頃，虚名留待子孫看。吾鄉稱吾族爲千頃灣，今又以萬頃湖稱，洵可傳爲佳話。
故鄉累次奉公旋，勸學興農亦枉然。前年建德公督兩江，委查全皖學務兼籌地方要政。匋督莅任後，委查蕪湖、安慶、桐城等處學務要案。
戎馬倥傯籌去住，不如海外學游仙。余最愛日光風景，頗欲築廬招隱，以娱晚年。

首夏四日滬寧汽車初開偕友人乘車至下蜀入山養痾

時在銅冶山辦礦，因赴日本調查礦山折足，兼感風寒，臥病未愈。

昨宵幾被夜寒驚，對影徘徊坐到明。候友人。可惜春歸人已瘦，孤雲野鶴枉多情。
風馳電掣入山來，四野蒼茫倦眼開。遥望空中新樓閣，礦務局前月落成，距龍潭十四里。層樓矗立，四壁無鄰，過龍潭即望見，須至下蜀下車。此間應可避塵埃。

殘燈短榻且棲遲，杖履頽唐體不支。折足以來，杖而後行，頗艱於步。明月清風來伴我，病中況味有誰知。山中僅攜一僮，餘弁勇輩不能進侍。

壯時多病最堪憐，誰謂今年勝舊年。鑄得銅山三百六，官家那惜買山錢。銅礦開辦經年，銅砂甚旺，果能多籌資本，寬限時期，其成效則如操左券。

四十初度述懷 五月初十日

偶落塵寰四十春，曾經世運幾番新。天涯走險心猶壯，九涉東瀛，徧歷諸險。上國觀光志未伸。六試春明，屢薦不售。只爲功名爭氣節，翻從閱歷長精神。今朝管領湖山日，轉眼湖山讓與人。時辦萬頃湖及銅冶山墾礦兩事差使，本如傳舍，久有退志，故出此語。

早歲文章結主知，此身應得際清時。愧無魏絳和戎策，枉作劉蕡下第詩。甲午落第，時官農曹。呈請代奏，投效前敵，旋值議和，遂取銷，改官湖北。作吏嘗存千載想，讀書已恨十年遲。宦遊楚晉離鄉遠，今到江南覓舊枝。壬寅服闋入覲，改發山西。乙巳復移江南，固舊遊地，欲作終老是鄉之計。

自歎

一官飄泊最無情，可恨年年萬里行。管領湖山猶未足，不知何處是前程。

黑頭宰相幾生修，愧我風塵老不休。兒未成名女未嫁，一家魔障使人愁。

秋夜旅懷 時客鳩江

秋風秋雨滿闌干，拂拭征衫露未乾。飲酒舉杯嘗對影，看花閒坐勝加餐。偶從枕上翻書卷，懶向灘頭把釣竿。玉宇高寒眠不得，千愁萬慮静中觀。

其二

半老光陰夢裏過，春秋都在客邊多。衹因家室成吾累，豈爲功名作宦魔。少壯才華空抱負，英雄志氣枉消磨。明知身世原如此，强頸登臺效舞歌。

其三

年來漸覺宦情輕，慚愧儒林博盛名。惟我不才生晚近，依人作嫁總無成。寄身莫恨蓬萊遠，轉眼休誇黻佩榮。且看兒孫新世界，文章漫與老夫爭。

其　四

一家眷屬費安排，地角天涯出處偕。兒女讀書奢望久，弟兄同爨素心諧。含飴原是浮生樂，噉飯須知到處佳。美妾嬌奴無俗累，何勞朝暮踏天街。

其　五

雄心記得少年時，最羡瓊林第一枝。可恨此身投筆早，常嫌今日去官遲。鬚眉未老宜行樂，手足相隨不忍離。半世浮沉仍故我，人生無憾轉無奇。

其　六

閒度秋風又一年，酒腸詩鬢兩蕭然。論交本愛親禪侶，退院當能結佛緣。山水多情供笑傲，身心無病即神仙。如何仍作江南客，掃地焚香閉閣眠。

其　七

往復瀛洲十八回，歐冠和服喜追陪。詩人能解唐僧語，酒客常傾李白杯。萬里功高都尉馬，一時紙貴洛陽臺。日人喜乞外賓書畫。詞壇禿筆今猶健，留得人間作禍胎。

衣冠進退盡從容，不學長沙學臥龍。世味早同書味澀，詩情卻比宦情濃。青雲未許登梯去，白首何妨採藥逢。來日棲遲在何處？此身應在最高峯。

其八

擬卜隱居五處築竹樓於西湖爲春居築石樓於廬山爲夏居築草樓於焦山爲秋居築泥（即水泥）樓於惠泉爲冬居金陵鷄鳴寺畔築五層樓遠眺揚子江近瞰玄武湖秦淮河畔建藏書樓並置水榭爲往來駐足之所平日略備花草任人游覽俟將來吾鄉鄉學普設達吾志願後吾將放蕩江湖間而終老於江南矣預決以詩

生平最愛是名山，那得人間半世閒。酒客詩僧常作伴，沙鷗野鶴盡隨班。尋仙島嶽何辭遠，戀棧江湖誓不還。因地因時身有託，游蹤髣髴出塵寰。

重九日偕劍華道人游金山次日復冒風雨游焦山歸賦八章

去年登高銅冶嶺，今日濯足到金焦。黄花隔歲有新色，流水無情不復聊。卻爲清游輕宦

事，何妨小住結仙寮。笑將雙鬢茱萸插，醉未成歡恨已銷。其一

長江衮衮向東來，萬里秋光迅若雷。獨是滿城無風雨，如何到處起塵埃。名山多壽常千古，知己相逢傾百梧。對酒含情將誰待，勸君伴我醉高臺。其二

廿四年前紀舊游，東籬采菊幾經秋。霜楓變色人驚看，叢桂添香客自留。烏帽凌風登絶頂，青衫攜酒駕輕舟。煙霞放曠飄然出，能使金罇破萬愁。其三

茫茫宦海獨倉皇，最羡山中日月長。憶昔同爲蓬萊客，到今不若邯鄲倡。相傳延陵有寶劍，恰喜東坡挾玉觴。嗟乎今夕復何夕，昨朝佳節過重陽。其四

扁舟抵掌快論文，長嘯登峯掃白雲。軼事應懷陶處士，高風不讓孟參軍。禪門觀畫多題詠，江閣吟秋寫見聞。喜見白衣來送酒，盡將家醖獻奇芬。其五

秋風冷落夜光微，有客思歸不得歸。軒冕苦遭塗炭辱，松雲臥待夕陽煇。堂堂高閣誰人宿，遠遠深林亂鳥飛。我將别離乘桴去，天涯更覺故人稀。其六

江城九月落花期，正是秋風壓帽時。勝境重來偕舊侶，狂徒買醉賦新詩。光陰荏苒催人

老，山水優游繫我思。昨日晴和今日雨，炎涼世態亦如斯。其七

病夫曾上數行書，乞骸三次，當道慰留。乞取韶光卜隱居。阮籍風流同志少，謝安游興有誰如。雲天悵望程途遠，泉石清幽氣象舒。我輩登臨暢行樂，過江名士不虛譽。其八

己酉春初創設千倉師範學校於金陵因述往事紀懷

八年心事久遲疑，壬寅擬建江皖師範校於滬上，江督劉峴莊宫保極贊賞，並允補助，爲皖大吏某公所阻。湘水無情勢可危。皖大吏某公痛訾辦學之非，直指學堂爲造就革命地，劉宫保亦動容，事遂止。喜值詔書隆作育，近年屢頒明詔，勸各省速興學。敢憑棉力强支持。此次决意不乞官款，不集義金，破産捐資，獨力倡辦，艱窘已極。願求天下英豪士，合作他年表率資。丙午孟秋，予創設千倉第一義塾兩等小學於吾鄉。俟本校師範畢業，擬派往推廣鄉小學。莫謂空言樹桃李，花開花落問伊誰？去歲被舉全皖教育總會正會長，堅辭弗獲，愧無以報桑梓。久抱興學願望，有志未逮，遂定議辦師範校，正月二十六日開始。

師範開校潁人來學頗衆喜而書此

卻說蓬門爲爾開，翩翩多自遠方來。蓴鱸豈不思鄉味，桑梓何嘗有棄材？房杜交情將誰

比，春秋時局正堪哀。文翁教授翻新政，檢點詩書築魏臺。

誡諸弟子

文化凌夷世道摧，匹夫有志莫遲回。詩書傳與兒孫讀，豪傑都隨氣運來。能奉師儒遵訓誥，莫忘君父厚栽培。要知三育先崇德，忠愛方爲純正才。

四十一歲生日仍用眞支元韻

序齒當爲不惑人，於今又過一年春。湖山依舊還相識，鬢髮何曾異樣新。薄宦自知無樂趣，窮詩偶爾得傳神。掀髯高唱長生曲，壯志何時獲展伸。

不患人知患己知，清狂那似少年時。世間有酒能延壽，我輩稱觴愛賭詩。卻看撰聯書晉一，更言補祝不嫌遲。明年今日還如此，江上風花莫戀枝。

請停辦銅冶山鑛務感言 己酉六月

程功何必計盈虧，無米難爲巧婦炊。掘井已如臨渴者，冶銅尚待鑄金爲。十年殷鑑誠非遠，前有胡方伯倡議開江南礦，卒因款絀停止。現既不能預籌的款，不如早停。萬里蓬山固莫辭。去歲往日本調查礦山，雖勞弗辭。但恨乞骸歸未得，屢辭官，皆弗許。誰能江上戀孤枝。

留別銅冶山

來時榛莽塞征途，野寺殘燈酒一壺。燕子洞中開寶藏，此洞礦苗極旺，採取礦砂不少。蒼頭鎮外闠街衢。擬從石家村接鐵道，礦夫日多，漸成小市。樓臺平地高三丈，楊柳環牆種萬株。購山下地二十餘畝，建樓房作公所。此別明年何所似，繁華轉眼即虛無。

請裁萬頃湖屯墾局歸併皖南道 己酉冬月

王命使臣盡網羅，漫教平地起風波。明知尸位終無補，不若推賢獲益多。況是官衙循分事，交地方官兼轄名正言順。莫聽道路挽轅歌。從今解組歸田去，差喜投戈勝枕戈。

予從日本攜歸櫻花百餘株親朋爭取概未割愛洪君至契春初即欲移種時候不宜今值歲除分贈四株賦此索和

聊借名花獻歲朝，此花卻比美人嬌。芳心但恨知音少，日本櫻花，他國無此花種，人多誤識爲桃李，故云。傲骨能將色相銷。官閣梅花先一著，春風桃李鬪千條。早開者，桃李花尚未落。蓬萊不見空回首，惟有山櫻伴寂寥。公曾隨使日本，亦舊游地，歸國後則視爲罕見物矣。

庚戌春和兒赴京師大學臨行賦詩以示誡勉

卻好春風送爾行，遥知桃李滿皇京。予學生在京人甚多。少年衣馬羞同學，東京舊同學多顯達。晚近功名畏後生。汝輩後生恐又將有崛起者。愧我不知老將至，養兒深恐學無成。長安此去緣何事？莫負犁牛一片情。

十年歲月易蹉跎，自辛卯赴日本留學計〔四〕，至庚戌就傅之期將十年矣。彈指光陰夢裏過。汝輩競誇新事業，中原不改舊山河。分科大學畢業得成進士，固意中事，非奢望也。回首堂前白髮多。學不成才勿相見，此去當俟畢業後再歸來，諄諄誡勉，聽耶！否耶！怕聽游子唱驪歌。

庚戌孟夏張安圃制軍臨兩江師範校與李學使諸人同觀六朝松〔一七〕

偶來重訪古時松，玉樹淒涼雨後容。三月煙花都過了，六朝金粉盡成空。故宮歌舞今何在？孤木凋零色尚濃。莫謂金陵王氣歇，千年猶有老髯龍。

四十二歲生日爲内子四旬再疊前韻

年年羅拜壽星神，王母添來錦樣春。世界繁華原是夢，家庭歡樂一番新。此身未遂萊衣舞，有子空將鯉訓伸。廡下梁鴻當一笑，今朝又作洞房人。

記得當年合巹時，郎君兩鬢插金枝。齊眉早已傳佳話，偕老而今若預知。兒女捧觴孫酌酒，弟兄作樂我吟詩。七旬再慶團圓日，五世同堂尚不遲。

夏六避暑神户諏訪山酷熱不能治事何暇吟詩因校務繫諸懷忽忽内渡歸途賦此

半肩行李一游僧，游徧神山酒不醒。醉客偶分鄰甕緑，征衫卻帶遠峯青。養生賴有杯中物，消夏常棲水上亭。破浪乘風歸去也，人隨明月到中庭。

孟秋哭次女直子

有死無生早不堪，可憐月上正初三。呑聲曾憶胡天雪，揮淚如看夏日蠶。此別須從身外想，再來應是夢中探。一時千古成長恨，養女如何不養男？

示校中諸弟子以棄官治學意

小住臺城已兩年，種桃種李結奇緣。吟壇偶得詩三百，廣廈何能庇萬千？課士推原胡氏法，掄才須著祖生鞭。吾潁僻陋，予設師範最屬望於吾潁。漢廷知己如相問，便説楊雄已學禪。

纂輯光緒徵要録初編起乙未，訖庚戌。十六卷光緒乙未後奏議類編六十四卷同前題詠

縱觀時變有由來，國禍方興黨禍開。試看漢廷誰作俑，可憐商女不知哀。删書斷自唐虞世，修史原無班馬才。聊備東華徵實録，裨諶草創待鴻裁。

東游紀念九卷付梓題詠

草編不必細論文，十稔怱怱述舊聞。視學觀兵專紀載，酬詩題畫各區分。另有專書。深山採石曾行險，同學登瀛更樂羣。踏徧蓬萊山下路，果然消散似浮雲。

初移新居 擬卜隱居五處，僅得其一。築五層樓縻七千金，延八個月始工成，仲冬移居。

雞鳴寺畔築層樓，勝景全歸眼底收。高閣藏書供夜讀，寒家有酒不知愁。臺城環繞琉璃外，四層樓上，面面玻璃，下臨臺城。鍾阜常臨几案頭。樓上置書桌遥對鍾山。王謝當年無此樂，白雲深處獨優游。

從來宦境厭逢迎，莫怪山翁太薄情。鬢未成霜心已老，門雖如市志猶清。詩篇盈篋無佳句，酒債逢人説不平。百尺景陽回首處，千秋應許得齊名。

醉翁樓 樓高四十八尺，爲第四層。

落魄江湖一醉翁，山居那許俗人同。緑楊深處千條緑，紅杏開時十里紅。美酒嘗招三友共，高樓欲與九霄通。年年待到重陽日，金陵樓居，惟此最高。此外並三層樓亦少見，重陽登高最宜。太白樽前總不空。

曠觀閣 閣在醉翁樓上第五層

忽從平地建高臺，更上層樓眼界開。六代江山歸掌握，一時車馬動塵埃。樓成，遊人頗衆，來客亦多，馬路驟然繁盛。青雲許我登梯去，高。明月多情入户來。敞。休怪吁嗟天地窄，此間自有不羈才。

浣花臺 院中築方亭，掘深池，亭上署浣花臺。

萬花叢裏築方亭，亭外池塘著野萍。松竹結籬三徑緑，雲霞出岫數峯青。牡丹不用胭脂畫，玉桂生成翡翠屏。坐對一枝如解語，看他化作美人形。

紫薇亭 亭成無名，因種紫薇數十株，遂以名亭。

臺外新添八尺臺，山光月色盡東來。門前早植先生柳，庭後深藏處士梅。芳徑豈容蒙穢垢，原來此處爲鄰家傾倒垃圾處。香巢那許著塵埃。紫薇種就題名處，都是郎君手自栽。

擬將遣眷還鄉感言

此身常對鏡中看，略識詩書氣便酸。不羨巢由羨梁父，彈冠容易挂冠難。

家家門第重詩書，積善方能慶有餘。兄弟兒孫能自立，何須此老費躊躇。

煖衣飽食恨無錢，抛卻功名尚有田。果爾一家剛八口，躬耕百畝樂豐年。

大隱高風不可攀，那來仙子落塵寰。坐憑先業原無奈，恨我當年未買山。

天南地北寄遊纏，那有還鄉計策長。粗結茅廬居眷屬，征人從此好收場。

生長他鄉念故鄉，老來始悔少時狂。半生蹭蹬風塵裏，盍早歸乎種稻粱。

長兒負笈望京華，弱女還須讀五車。典盡金釵供學膳，阿翁歸去問桑麻。

安排眷屬費商量，富貴浮雲夢一場。閱世愈深情愈淡，何須衣錦始還鄉。

庚戌冬師範簡易班畢業

百尺宮牆百尺梯，青雲有志豈能齊？ 孔門才德分科選，歐化程功按日稽。 莫謂高文隔崖岸，暫將初幌造端倪。 熱心毅力原無限，鄭重前途莫執迷。

種櫻花

一樹櫻花一醉翁，醉翁身在萬花叢。 果然移到蓬萊種，此後應添翡翠籠。 桃李盈門爭妒嫉，芙蓉出水鬪玲瓏。 怪他有色無香品，枉費東皇造化功。

纂輯五經經解卷帙繁多先將詩經二十卷付梓署曰學詩堂經解題詠

學詩遠法有周人，訓詁方知典制眞。 三史階梯從此始，二南音譜更翻新。 譏彈偶爾因時發，比興無非按事陳。 三頌獨編風雅後，主文譎諫具精神。

辛亥二月歸潁陳生睡怡賦詩送別即答元韻

愧我生平守舊編，非仙非佛亦非禪。 漁陽鼙鼓驚寰宇，偷作閒人掃葉眠。

鷄籠山下度新春，那勝紅渠曲水濱。且向鄉關問消息，還山仍是出山人。此次歸里，擬將履勘學區，預備推廣義塾，並爲整理農圃，預備安頓眷屬，俟有頭緒，即可遣歸。予將隻身作客，官耶！隱耶！尚不敢自決耳。

卻説男兒當自强，豈因斗米折腰忙。犧牲教育緣何事，十載風霜枉斷腸。

久客江南偶賦歸，年來塗炭擁朝衣。茫茫大海嗟人我，怕看東方旭日旂。

歸棹揚帆望潁東，書生憂憤杞人同。尼山車馬今安在？歎鳳嗟麟道已窮。

此身豈肯戀樊籠，無那於今學瞶聾。有子未能騂且角，小孫寄託在明公。長孫炳新從陳生受業，自本年始，教法極善。

同鄉胡張二大令枉送渡江留別

二月春風送客情，隔江遥望石頭城。君門空灑長沙淚，隴畝追隨梁父耕。詩酒無聊堪自賞，文章怕作不平鳴。曉來天氣多清朗，擊楫狂吟帶醉行。

江草江花滿路春，如何醉醒復沾巾。汪淪送我難爲別，謝朓多情分外親。時局欷歔千萬語，天涯淪落二三人。與君分袂無知己，歸去西湖把釣緡。潁州西湖與杭州之西湖齊名。

征人千里著歸鞭，踏破紅塵俗慮捐。有酒今朝且對飲，無家明日再逃禪。勸農興學誠多事，弄月吟風不費錢。宦海浮沉原似夢，知交都是舊因緣。

偶爾登樓憶故鄉，悤悤接淅渡江忙。東風送我還迎我，昨夜歸裝又束裝。從安慶回，即日起程。旬日兩勞名士駕，前往安慶，二公枉送；今歸潁，又送過江。一家幾斷女兒腸。內子欲歸懷遠省伯母，予未允。詰朝駐馬濠梁驛，壁上題詩敎楚狂。

臨淮道中遇曹石餘太守賦贈答元韻

識得荆州五載餘，寒生賦性本狂疏。黄堂許我論交日，瀛海歸呈紀事書。贈以東游紀念。來日重題坡老畫，公叔霞坪太史出守潁郡，公今亦官吾皖。重莅吾潁，正意中事。使君多築賈侯渠。吾潁水利，待修甚亟。今宵情話留鴻雪，醉後酬詩莫笑予。

寄示諸弟 辛亥二月

四海蒼茫眼界空，形骸顛倒夢魂中。老僧退院原無柰，狡兔營巢未必工。我輩讀書爭甲第，暮年游宦困英雄。何嘗無意匡堯舜，志業誰能得盡同。

手足如何輕別離，阿兄退志早難移。一家安樂人無恙，萬事艱難我盡知。此去原爲興學計，再來應是挂冠時。欲將心迹傳郵簡，惟有摩公畫與詩。

舟中春寒

脱去輕裘著細氈，連朝寒氣逼雙肩。江湖那怕風塵苦，哀樂嘗驚逝水前。

臨淮淮南旅館

茫茫滄海盡桑田，臨淮自兵燹後荒蕪將五十載，今修鐵路，地價昂貴，聞蚌浦一帶尤昂。市儈爭收地畝錢。向來每畝五六千文，今則極下亦須百兩。淮水無端增一束，蚌浦鐵路修大橋，淮水倒流。龍王何罪竟三遷。俗信龍王迎神賽會，今則廟宇無存，神像被毁，亦有遷至他處者。茅檐題壁詩猶在，丙午過此，尖飯於對門小店，今店尤存。柳岸垂絲色正妍。屋矮人高新建築，該館樓屋上下僅丈二三尺，入室則必鞠躬。可憐黑暗洞難穿。窗如小洞，黑暗非常。

晚望懷遠大風

征人乍覺客衣單，賴有扁舟得飽餐。臨行未攜皮裘，過臨淮極冷。覓小舟，舟子穎人，善治麪食。陸地今皆成大澤，中流竟欲挽狂瀾。蚌浦以上河面陡寬，浪翻數尺。滿天黑暗吹胡笛，隔岸舟客夜中吹笛。兩岸呼號擁漢官。餓殍塞路，乞賑者多。忽見風雲多變色，午後雲陰四布，片刻風雨交作。權將纜繫外河灘。

夜泊懷遠

深夜殘燈醉後歌，隔船罵我是詩魔。隔船有客鬭麻雀，時已夜半，聞我吟哦聲，忽相語曰：『這眞是個詩魔了。』枕邊得句常驚起，夢裏相思屢錯過。囊底金錢今已罄，牀頭壺酒本無多。欲知前路春消息，且待鷄鳴再渡河。

懷遠憶舊

一時親舊盡飄零，姑母、堂妹皆適平阿，外舅姑暨内弟均歿。猶憶當年孔雀屏。鹿市馳驅驚脱輻，内弟居鹿鹿灣，歿後無嗣。屾河呼籲歎無靈。姑母居屾河。可憐弱妹房中樂，四妹適宋，未久即逝。怕讀元公墓上銘。外舅號元公。遥看禹王臺下路，舊題名處萬山青。

順風解纜舟中作

夜半駕輕舟，乘風溯上流。飛鴻欣遇順，歸鳥不知愁。客路無聊賴，春寒莫自由。放懷天地闊，明月照沙鷗。

夜泊石頭鋪

一望無涯水面寬，石頭鋪外急流湍。偶然借得東風便，未免稍嫌北路寒。竟日放帆二百里，孤舟飲酒兩三餐。呼僮喚婢來扶醉，蜀道秦關莫畏難。

過峽山口遇險

纔見前途覆没舟，距口門五六里，有貨舶被風吹翻，長幼九人葬魚腹。如何循轍到中流。落帆阿婦嬌無力，下椗狂波蕩不收。夾岸風吹誠激烈，半邊蓬斷任沉浮。忙呼河伯施靈應，兩字平安論報酬。

晚泊壽州橋口

冒險揚帆溯上遊，誤傳橋口是橋頭。橋口距城三十里，舟子誤稱橋頭，予以爲壽州城之橋頭，及停泊後始知誤矣。欲邀月老來相送，反被風姨竟强留。且住爲佳拚一醉，幾忘今夕在中流。春愁黯黯都成夢，故國東來動客愁。

過正陽訪萱叟已往潁

送别江頭已四旬，一趨一步問前津。原約二月歸潁。今來珂里沽新酒，公到寒家度早春。轉盼明朝揮客塵，願從此日棄頭巾。故鄉最怕稱元老，不若桃源去避秦。

八里垛訪鄭陳兩董事議設第八義塾

正陽八里垛湖前，火帝文昌廟宇連。信士乞靈原有術，老夫念佛恨無緣。可憐盲啞三千輩，居民五六百家，失業者多，讀書之人僅有千分之一。暫假廳堂五六椽。但願鄉人都識字，家家不費一文錢。本塾不收學費。

晚泊楊家腦夜不成眠坐以待旦

征途最怕聽鷄鳴，獨坐枯吟夢不成。飲酒每嫌春夜短，披襟忽覺早寒驚。劉郎識得長隄柳，前五年曾宿此。令尹分來近衛兵。懷遠宋大令派兵護送至潁。聞道鄉關春色滿，更將剋日計前程。

劉家集訪萬董事議設第七義塾

人人崇拜大王靈，仰望神明襲德馨。敢借春風被愚魯，依然草野薦羶腥。借廟殿作教室，每年定期祭祀，學生放假一日。煩君愛護同鄉子，任我安排入學齡。今與鄉紳珍重別，化行俗美在公庭。

偕萬君觀其族學見有八齡女生欣然賦此

兒童心理最精微，大道原難一蹴幾。教孝教忠無異致，重男重女似全非。木蘭有志從戎馬，孟母當年斷杼機。倘使深閨丁不識，家庭教育復何依？

姜口集訪湯董事議設第六義塾

崇奉文昌已有年，士林從此結僧緣。有住持僧。千秋丹篆憑文字，一夢黄粱享豆籩。只爲國民生計蹙，須教鄉土俗風遷。三年期月觀成效，子弟當稱父老賢。擬借文昌宫爲義塾。

到　家　辛亥三月

水陸遥迢七日程，連朝幾復見陰晴。由浦口乘火車至臨淮，换坐民船，故較長淮爲速。窮途乍醒秦淮夢，久客初歸故國行。勸學何殊興實業，樹人之利，不言而喻。遊宦豈願博虚名。五年一别重相見，野老村童載酒迎。

喜見耆老縱談時局　辛亥二月

昨月與君别，今朝我復歸。君歸無幾日，世事已全非。悤悤客路去，水陸千餘里。耳目少見聞，醉夢問生死。南望風煙急，西征軍馬空。秃奴騰越北，倭寇滿遼東。待到歸來日，中原不可知。江湖何所得，應有百篇詩。

半日逆風到姜口集已六時忽轉順風八時安抵千倉灣

至誠可以格天心，一陣東風抵萬金。宋玉復生當作賦，孟婆定許是知音。村頭燈影遥相望，夜半鐘聲漫細吟。欲扣荆扉犬迎吠，癡情獨對主人深。

哭仲根兄

古來傲骨本天生，强項爲官總不成。早歲挂冠誠幸事，故園教子博榮名。簞裘原可無遺憾，棠棣何堪動感情。日暮途窮空浩歎，豈因家國一身輕。

阿弟牢騷信口來，還鄉竟不得追陪。營齋營奠傷心目，憂國憂民化燼灰。回首當年成永别，愴懷盡室動餘哀。撫棺一慟眞難忍，雙淚低含滴酒杯。

不獻生芻只獻詩，定知俗眼笑吾癡。友朋貴道情眞語，家族何須慰唁詞。别淚都成滄海夢，聯牀猶記帝京時。九泉瞑目應無恙，糜爛中原不可爲。

題桂生叔畫梅册

樹樹梅花盡不同，花花葉葉鬭玲瓏。題詩誰得傳摩詰，畫扇皆能識放翁。五月江城吹玉笛，一枝春信寄郵筒。癯仙獨具風流骨，巨筆經營數點中。

林逋本是惜花人，除卻梅花不是春。紙上仝憑心造果，窗前將與樹傳神。嫩紅不必塗嬌色，淡墨都能掃俗塵。若問江南好消息，一枝妙筆更翻新。

喜晤梓材姪有感

六年聯袂賦長征，壬寅從予京師，往晉陽，復返江南。北轍南轅萬里程。游宦本無眞事業，掄才盡得假功名。晉省學生多得顯貴。與君離別情無限，歎我飄零道不行。晉省學界感情極深，惟官場多頑固，遇事必生阻力，故決意去晉不復返。今日欲將詩換酒，姪家藏有佳釀。歸來重話舊時盟。

歸里自歎

逐歲勞勞作宦魔，幾同鶯燕覓巢窠。風雲偶得從龍虎，將相終須假斧柯。海上春秋多變幻，人間日月易蹉跎。年年惆悵歸田事，富貴浮生夢裏過。

聖主何嘗棄不才，半生顛倒勢難挨。名山多築藏書屋，擬卜隱居五處，詳前。宦海推翻避債臺。舊里欲開新學化，予曾創辦師範校於金陵，招集吾鄉宿儒就學。又於吾鄉設義塾，第一塾爲完全兩等，第二以次爲初等。昔時曾帶簡書來。屢次奉公到潁，丙午調查全皖學務。從茲識得家山路，忘卻今年第幾回。

自笑年年走海濱，到今還是布衣身。恨無鐵騎驅强敵，卻有新詩贈野人。拋去頭巾尋隱趣，攜來酒甕作天民。膏腴剩得三千畝，此外歲租皆作辦學常年經費。留與兒孫可救貧。

祖業流遺五百年，熙熙皞皞樂堯天。姓名猶説陶朱富，黨里交稱庠塾賢。兼愛自多佳子弟，鄉黨有學，子弟何患其不學？博施那惜臭金錢。鄉學多多益善。三年廣布文明種，推廣鄉學，三年以後必有可觀。潁水須爭一著先。一府推廣七屬，一人私立二十處，他府尚未聞有舉辦者。

醉歸

昨夜還家醉欲昏，忽聞有客歎王孫。牧童何處投鞭宿，公子前頭濺酒痕。幾度春風吹鐵騎，一輪明月落荒村。漁樵相見不相識，又遇鄰翁逐放豚。

教習方君贈詩步元韻

絳帳高懸歷五春，一堂絃誦樂和親。儒生不改衣冠舊，吾塾除體操外，均著常服上堂。音樂聊爲耳目新。音樂手工皆隨意科。里黨風聲誠獨樹，吾鄉設學自吾塾始。兒童心性總相因。循循善誘推公德，桃李門前錦繡茵。

閒情偶爾賦新詩，知己相逢索和詞。當代文章成碩果，近來各校通弊，國文日見退化。同堂講誦屆瓜期。欲求國士無雙品，道是春風及第時。本學期將畢業。遙想杏壇多化雨，宮牆萬仞許人窺。

先祠建設潁濱東，二老當年願力洪。乙未重建支祠，先親捐田獨多，專備設立義塾，並遺囑力圖將來推廣。丙午創辦千倉第一義塾，即設祠内。破産勉承先輩志，讀書本是舊家風。憑君毅力勤三育，笑我狂呼振萬聾。豈敢侈言比慶應，原詩過奬，取譬福澤創辦慶應義塾。此生聊作信天翁。

書生憂憤識秋毫，遯世無從借醉逃。欲使新民明舊德，要將凡響動仙璈。陽明學派流傳遠，開府詩情吐屬高。問我江南何所有，吟壇自有雅人操。

教習謝君贈詩步元韻

今將衣鉢度金鍼，三尺兒童喜不禁。即此梗頑沾化澤，如逢旱潦被甘霖。詩吟梅嶺雙聲疊，情似桃潭百丈深。一别五年幾回首，學書學劍兩傷心。

桂叔賜詩命和謹步元韻

名山仰望樂耆年，阿姪歸來酒半顛。蘇季披裘嗟失馬，杜陵歸棹不攜錢。和陶得句思坡老，時叔有仿陶之作。修竹怡情溯晉賢。檢點錦囊名著少，願將宿酒换新篇。

梓樹莊設第五義塾

歸鴻隔岸入桃林，是莊在永新集河東，桃樹極多。酒興詩情分外深。呼唤村童來問字，經營學舍出懷金。新建茅屋五間作教室。荆扉欲借春泥築，蓬壁偏多野色侵。七代兒孫賓主樂，是莊原是先輩遺産，老佃户有見七代者，可謂舊賓主矣。人情可見古猶今。

洞溜集訪劉董事議設第四義塾

人才到處總難求，地點偏宜據上游。不論賢愚應有教，須知盲啞最堪憂。要將文化能通俗，何患兒孫墮下流？暫借僧房開講席，煩君愛護幾春秋。暫借廟宇，來學期即擬建新舍。

王尹莊設第三義塾 丙午創設第一義塾，丁未增設第二義塾，均在永興集。

二姓當年鬪此莊，不知幾度閱滄桑。河山千古如棋奕，瓦礫而今種稻粱。鄉曲歡迎新教育，農家也有好兒郎。野蠻化作文明種，可勝千倉與萬箱。

贈阜陽新令胡君菊生

相逢只恨識荆遲，遇得詩人敢獻詩。我本部民如赤子，古來賢宰即明師。早聞教育傳篇牘，公曾任學務公所。更乞栽培種繭絲。勸公注意提倡蠶桑。誰謂澹臺非公事，武城一面笑吾癡。

贈阜陽舊令王君鑄九

廿年宦境厭逢迎，漫把詩情比宦情。故國兩逢賢令尹，公重莅阜邑。不才終是老書生。晉陽往事成春夢，曩曾同官山右。汝水攀轅話舊盟。我甫歸來君將去，天空海闊任縱横。

潁州太守長太史紹杫顧索詩倚裝報命

衡門寢迹傲羲皇，兩鬢稀疏未著霜。湖海交游逢白傅，歐蘇韻事屬黄堂。片雲頭上催偏急，北海樽前醉欲狂。君問歸期歸未決，願君長憶勿相忘。

歸甫旬日諸事均未就緒忽接某銀行電促回寧悵然有感

江南傳説大官荒，上年裁撤局所四十餘處。又值錢荒與歲荒。皖水奇災，江南錢市風潮迭起。惆悵歸山山未買，從容繫馬馬偏忙。到家城鄉奔走，尚未住定。征衫脱去衫猶濕，警電傳來電更長。某銀行傾倒，關係甚鉅。市儈饑民與俗吏，一齊顛倒是非場。

鞍馬倉皇拂壯懷，弟兄妻子費安排。歸田未得棲身處，避債偏多造禍階。偶繫青驄傍楊柳，忽飛白浪打蒼崖。春風送我歸來日，還趁春風踏鐵鞋。

留别潁鄉

來自江南路，春歸我亦歸。故鄉如客舍，野市掩柴扉。曾有平原約，空勞下馬威。鄉居甫旬日，别淚又沾衣。

正陽以下臨淮以上目覩情形

洪水滔滔五百里，饑民嗷嗷億千人。可憐兩岸無青草，只見浮萍裹赤身。春水陡漲，流尸充塞。桑野變爲滄海地，波臣掃盡菜花春。今朝蚌浦橋成日，個個傾家怨鬼神。津浦鐵路在蚌浦造鐵橋，將淮水咽喉緊束，致倒流而漫溢，沖没田廬不計其數。

到江南寄潁鄉諸吟壇

明知此日我空回，桃未成陰李未栽。浪迹偶隨春漲去，萍蹤猶帶野香來。還山不見櫻花信，入室先傾竹葉杯。且住江湖尋醉夢，故鄉無此好樓臺。

予歸自潁陳生睡怡贈句步元韻並自述

風雨淒淒客路遲，懶隨魚雁效奔馳。長安西望空回首，不見劉郎壁上詩。本擬入都謁學部，因事中止。

一片婆心幾瓣香，半生都爲室家忙。罷歸舊業無千頃，豈若窮途學楚狂。

客鄉人自故鄉歸，喜見園林花正肥。我不惜花花惜我，與君共坐釣魚磯。

再即途中所見步元韻

馬足車塵到處驚，未聞兩岸犬鷄鳴。哀鴻徧野無生氣，鬼卒催租有厲聲。觸目皆來爭乞食，有田那得去歸耕。流民不見眞天子，誰爲農家訴苦情。

呈請江督特派大員查災補賑並勘鐵路

普天率土盼皇仁，多少災黎未死身。憂歲更兼憂水患，避荒幾似避秦人。五年四災，人多久避，不能歸去。田廬漂没誰相問，租税催呼怨莫伸。同軌同文歌盛事，可知溝壑在東鄰？

督委吴鑑泉觀察查災勘路贈别 四月

煌煌使臣將王命，萬家生佛在君身。春風吹到無情水，伊尹原爲拯溺人。試看長淮兩岸闊，都因鐵軌一時新。良醫標本須兼治，莫厭連篇累牘陳。

陳生睡怡授長孫讀爲予送眷歸潁留别五章即步元韻

笑我征塵西復東，送君今日又悤悤。人生幻境如流水，船到中心要轉篷。别淚只愁顫鬢白，歸帆猶帶夕陰紅〔五〕。江淮應有汪洋歎，欲駕長橋借紫虹。

昨夜魂銷百尺樓，不知江上幾回頭。六朝煙景增行色，一路風光破客愁。舉室豈能同避世，煩君爲我送歸舟。願從郵簡傳佳句，兩地相思筆底收。

醉翁自號信天翁，强把衰顔借酒紅。房杜才華君獨擅，開天文物氣猶雄。中原本是殘棋局，我輩高談處士風。農圃别開新世界，兒童教育屬明公。

塞上風雲作怪魔，狂瀾欲捲舊山河。斯民饑溺誰援手，滄海潮流起伏波。論世方知時勢岌，粵亂皖災，種種變象，皆亂機之所伏，不堪設想。讀書每恨古人訛。日以校書爲事，近來手批十七史，略有發揮，故云。今朝贈別無他物，惟有詩囊得句多。

聳肩又是別離時，醉態都從醒後知。好夢從今同志少，前途計日寸心馳。春風送客揚帆去，此日還鄉歎歲饑。且待明年豐樂日，歸來再賦五章詩。

寧學使李公贈酒並惠書屏酬之以詩

醉後聞人送酒來，金罇又復爲君開。曾經秉燭題紅葉，昨在壽髯家夜飲，承代題菊友畫。更喜臨池贈緑醅。今蒙賜我臨魏碑字屏四幅，附以佳釀一大甕。換得右軍三百字，前贈鼻煙雖劣，較勝於鵝。忙呼山簡幾千杯。偶然歌詠賡同調，似有新詩句句催。

其二

茫茫宦海許知音，與公同官數載，服公道德學問。今賜書題款，直書「知音」二字，悚愧且感。兩字評題抵萬金。坐擁朝衣驚夢覺，分來鄰甕帶香斟。園中舊有淵明榻，醉翁所居。壁上新添太史箴。今公所書。慚愧報瓊無別物，一詩一扇訂苔岑。

歸田

人生何所求，所求惟衣食。世事歷艱辛，衰年戒貪得。苟有貪得心，必致無完德。忍辱負功名，醉夢躭聲色。有田不歸耕，吾道終弗直。富貴若浮雲，稼穡須努力。去去還吾鄉，深林人不識。

遣眷歸里後感懷

半生百技總無能，怕作江南好事僧。典盡朝衣沽一醉，羞將玉幣就三徵。閒招知己聯詩酒，不與時人説愛憎。果有桃源貧亦樂，何須宦海涉春冰。

汪京卿桂林寄懷答元韻欲招隱

春風春雨夢荆州，江上雙魚萬里浮。同是宦游今異轍，可憐別淚幾經秋。八年知己如黄鶴，一片相思付白鷗。公若不來我將去，別尋方外好句留。

四十三歲生日再疊前韻

轉眼虛抛四十春，三年强仕學盲人。空憐帝國衣冠舊，喜看兒曹世界新。官到閒來眞寫意，人非窮處不通神。不辦學不致窮，如果早遣家屬回里亦不致窮。今頗窘迫，遂定遣眷歸田之計。從今得共名山壽，招隱臺城願已伸。築五層樓於臺城爲招隱處，題曰「千倉山館」。

一官飄泊去何遲，得失分明早自知。富貴浮雲如好夢，英雄伏櫪誤清時。閉門即是山中相，開卷低吟海外詩。只見年年端午後，榴花照眼兩三枝。

偕同人游莫愁湖

鬱金堂上勝棋樓，豔説南齊盧莫愁。一角青山籠暮靄，六朝粉黛落孤洲。當年何處歌鑾樂，往事回頭唤阿侯。欲趁煙波來打槳，忙呼湖嫂盪輕舟。

石頭城下一孤洲，湖雨湖煙萬古留。南國佳人難再得，碧天遺恨待誰酬。後來名將贏清福，那勝盧家有莫愁。兒女英雄千古淚，滿腔熱血盡東流。

夏六炎熱潛叟偕沈太守枉談留飲薄暮散歸惠詩索和奉步元韻

平生知己不多人，老去風情日日新。差幸園廬無俗客，悔將軒冕誤青春。但能閑暇尋歡樂，何必行歌學隱淪。今有鄰翁許問字，此間便可遠囂塵。

此身終日在樓臺，惟有金罇對我開。深夜只愁無酒伴，隔牆喜得有詩才。呼僮穿徑迎新客，潛叟紹介，初識沈君。掃地焚香浄薄埃。休問當年相識否，共君一醉莫遲迴。

沈太守贈五古二十韻用潛叟元韻奉答

蓬門久不見詩人，大將登壇壁壘新。只恨識荆今已晚，那知望歲卻逢春。山居岑寂，亟思有人唱和，知音頗少，故云。空憐南嶠青天遠，公曾督師臺灣。誰謂東山白日淪。君我林泉同醉臥，頭巾偷得脱輜塵。

荒園十畝築層臺，多少花叢花未開。留待使君供醉眼，早聞太守有詩才。偶逢知己聯杯酒，聊勝閒官混俗埃。可有江湖游興否，前途應許得追陪。

薛濤箋寓言

當年蜀妓亦文豪，製作偏宜寫楚騷。此紙於今猶姓薛，小名何必諱言濤。浣花溪外無清水，紅葉樓頭染玉毫。不論詩人題詠否，年年價比洛陽高。

偕沈楊諸叟游莫愁湖

偶隨詩隱作閒遊，忽憶雲光與莫愁。回首雨花非一處，傷心神女獨千秋。寒來暑往今猶昔，人去臺空水自流。我輩登臨如昨夢，此身同是一閒鷗。

一時游興動江湖，重寫香山九老圖。濁世少年非我伴，清流隱趣與誰俱。揚雄載酒心猶壯，沈約能詩志不孤。揮手煙雲供笑傲，勸君更進百杯無。

莫愁湖疑案索解

試從盧婦憶盧郎，空使詩人枉斷腸。應有阿侯傳父業，何時逐出鬱金堂。

明明家世屬中州，不是當年楚莫愁。且問妓名誰作俑，竟教史筆誤千秋。

不嫁東家嫁石城，曾無侍婢著芳名。此湖本是盧家産，可惜盧郎不再生。
征戍遼陽果十年，如何姓氏不流傳？阿侯生死無依據，南國佳人枉自憐。

雨花臺疑案索解

梅岡高座有由來，西竺僧亡刹院開。晉代題名甘露寺，何須意造雨花臺。
雲光説法浄聰明，何幸盧襄錫盛名。果有天花能落地，山川要使鬼神驚。
名山到處有甘泉，水土分明地質偏。五色石頭靈秀氣，如何感應託神仙。
六代禪機最盛時，舍身盡欲頌阿彌。誌公比擬雲光法，可識天花有幾枝。

購合肥李氏河廳作藏書樓題曰千倉水榭 廳在鈔庫街文德橋得月臺畔

高樓南望屬秦淮，指臺城千倉山館而言。緑水名園處處佳。踏破鐵鞋尋隱榭，覓來金屋作書齋。隔江商女歌蠻曲，避世仙翁放酒懷。醉後還山一回首，好將明月晚風偕。

潤兒暑假由京歸潁今復由潁來寧即日挈眷入都就學別後寄詩二十首以示警録十二首即作遺囑

還鄉今日又還京，待汝歸來送汝行。多少離情多少淚，癡兒可覺夢魂驚。

少年游學屢蹉跎，十載光陰一抹過。只恨早婚增内顧，功名誤在室家多。

前年曾作戒兒詩，語語叮嚀念念危。學不成名勿相見，此心還欲使兒知。

人生最怕別離時，望子情殷老更悲。果欲讀書成進士，總須努力莫遲遲。

一家分作兩家人，放浪江湖寄我身。潁水燕山同悵望，兒孫飽煖不憂貧。

一身飄泊竟無家，賴有兒孫尚自誇。盼爾功成名就日，老夫濯足去天涯。

者番家事盡安排，兄弟妻兒願已諧。汝妹及笄猶待字，新孫未免繫吾懷。

爾祖當年創義捐，乙未重建支祠，汝祖父捐本房田十頃，專辦義塾，爲各房倡。丙午始創辦千倉第一義塾，已恨遲遲。嘗言教養要兼權。興學培植人才，皆能自立，何待贍族。於今破産承先志，近數年來，予捐金輸産，孳孳興學，自慚薄德，雖有教育知識及其思想，未必果有教育學問及其能力。何敢沾名，聊以繼志而已。深恐良田不再傳。

公養留貽十頃田，餘貲供給讀書年。兩千畝外無他業，阿姪瓜分阿叔錢。予死後，知汝等必分居，分居果能自守，八口之家尚可無飢，能不分居則更爲佳了弟矣。但無論分與不分，每年能實撙節，陸續增置，不十年仍爲富翁。

汝母于歸廿七春，扶持諸叔盡成人。論功應得酬公養，撫育孫曹賴此身。

捐輸學産四千餘，尚有膏腴拓舊居。興學養家都得計，兒孫好自保門閭。

堂前轉眼白頭時，弓冶心傳付與誰？此日叮嚀千萬語，前途努力莫相欺。

武昌謁匋齋尚書留飲即事

明月清波映上臺，樓上平台臨江口，月下納涼，與諸幕賓同飲。感今思昔重徘徊。公曾督兩湖，予亦曾官鄂北，同是舊游之地。公門桃李多新色，江上梧桐憶舊栽。喜得名山常借臥，公曾籌捐修復焦山松寥閣，今來面商，欲借暫住，容再另築隱舍。既蒙慨允，並許以自置地面，分贈若干畝作園基。難乘秋水再重來。公約秋後來鄂，婉卻之，故云。雲泥分隔情難隔，無限離愁策馬回。

別後情思兩地違，此心無處不追隨。感承高厚難爲報，自覺清狂未合時。寓婉卻意。生死但求分半席，今借屋，復贈地，爲予築室隱居。予欲死後葬於焦山，預爲聲明，就此園基。升沉何必問來期。又寓婉卻意。樵山五隱俱千古，試問焦光讓與誰？焦山原名譙山，又名樵山，漢末焦光隱居於此，遂改今名。傅先生、黄觀子，皆漢人，相繼入山。唐周隱逸道士、明郭次甫（自號五游子）均隱焦山。此外未聞有隱者姓氏。

余壽平中丞奉命簡陝撫將迎養赴任

春風送出長安道，時由陝藩調鄂藩。轉瞬秋風又送回。今由鄂藩升陝撫。萬姓謳歌留不住，九天恩詔忽重來。函關早闢驊騮路，邊徼儲爲將相才。喜看板輿迎養日，滿庭桃李舊時栽。

武漢閒遊憶舊

三年兩作楚江遊，前歲查勘大冶礦山。都説髯翁未白頭。黄鶴樓中懷舊侶，伯牙臺下駕輕舟。江水漫溢，故可泛舟。可憐酒伴皆拋我，偶遇僧徒莫與儔。回首抱冰堂上月，豐功偉業足千秋。前予侍張文襄最久，故有是感。

再答汪京卿寄懷仍疊前韻

遥看桃李滿皇州，野鶴閒雲與世浮。晉省學生考授翰林進士頗多，今我隱於江南，故云。西望山川懷舊雨，東來魚雁帶新秋。欲尋陶令誰攀醉，抛卻汪淪我獨游。世事茫茫空太息，知音只得問沙鷗。

編訂從政芻言起戊子，訖辛亥。二十四卷題詠

少時擔負上書囊，走徧長安志更狂。伏闕萬言空灑淚，移官三省繫游韁。搜羅案牘將盈篋，管領湖山便下場。二十四年新歷史，一年一卷大文章。

編訂千倉師範講義十四種三十二册題詠

著書容易教人難，諸子才能勝百官。賴有江南名手筆，組成皖北大文壇。殘經留作傳心訣，新史都爲換骨丹。寄語吾徒珍重讀，此編不厭百回看。

纂輯新學論説十六卷題詠

千載悠悠歎鳳麟，文章典制與時新。春秋變易崇新命，道德維持賴舊民。只恨救亡無善策，徒將空論嚇强鄰。振興實業，論説甚多。長篇累牘詞何激，幾許憂傷繫此身。論未來事，閲者注意。

纂輯時事紀聞十八卷甲午起，辛亥止。題詠

怪怪奇奇十八年，人情竟與世風遷。强鄰蠶食憂方亟，新學萌芽禍已延。滄海波濤終不息，歲時饑饉更相連。生當晚近誠多事，載筆原爲野史傳。

臨淮投宿狂風拂面暴雨沾衣泥途滑滑舉步爲艱一時氣爲之塞口占兩絶

昨夜江城冒暑行，迢迢千里賦長征。風飄雨泊臨淮道，欲執途人作故人。

灞橋風雪竟如何，不識人間苦境多。到此方知風雪苦，饑寒都在夢中過。

投宿後即狂飲

人人勸服辟瘟丹，我獨持杯興未闌。一醉幾如貧暴富，雖經冰雪不知寒。

夏六閏月歸潁推廣小學擬於暑後開始

一年兩見故鄉人，鄰里兒童分外親。喜道髯翁雙鬢黑，不知文教幾時新。衝寒冒暑緣何事，易俗移風仗此身。昔别今來唯勸學，還須振刷舊精神。

九叔賜詩謹步原韻並述所懷

茫茫世事莫能圖，長嘯狂歌勢已孤。偶爾歸田來潁水，還思招隱駐方壺。論詩只得從吾好，下馬何須問後途。慚愧未諳新樂府，阿公强我試之無。吴人呼伯叔爲公公。書生賦性本狂疏，酸氣於今未盡除。自謂。骨肉之間聯酒伴，笙歌而外乞聲餘。詩者，聲之餘。才名久已推元老，叔應童子試時即有才名，四十年來名冠吾潁。今爲吾鄉元老，猶復好詩不倦，人所共見共聞，非敢私譽。陋室偏宜近聖居。予全家送歸潁鄉，賴叔照拂。兄弟兒孫皆有託，不愁家室只愁予。外間利債纍纍，尚須獨力籌還，頗有欲罷不能之勢。

戲答九叔席間謔詞口占二絶

記從海外結奇緣，幾把人間俗慮捐。曾到蓬萊登絶頂，不知何處有神仙。

隻影孤蹤走海濱，光明世界少風塵。含情欲説瀛洲事，明月前頭照此身。

招集師範諸生推廣千倉義塾孟秋六日到齊雨中宴飲

連朝甘雨盡隨車，張蓋遥臨處士廬。聲價應從今日長，交情莫比舊時疏。滿腔熱血聯同志，一片婆心勸讀書。手造千倉新世界，春風尚得借吹嘘。

喜諸生至爲鄉學慶

敢效文侯築魏臺，八元八愷竟偕來。野蠻從此通時俗，盲啞何嘗是棄才。振發老農癡耳目，栽培後起蠢人才。一鄉多少童男女，强識之無亦快哉！

諸公同郡又同窗，此地原爲父母邦。記否鴻臚爭第一，誰云國士竟無雙。博施要得能兼愛，熱血於今正滿腔。拋卻唐僧都是佛，此次招集十六人，惟唐生就他事不克來，故云。警鐘處處有人撞。唐生辭，改派王生，最可喜者如李生、强生、陳生皆辭他事而來就，尤令人感篆不置。

歸里後宿舟中舟泊住宅門前七夕作

銀河咫尺隔天涯，一葉扁舟路幾叉。卻看星橋爭競渡，獨憐水畔是浮家。正將對影邀明月，忽欲揮毫詠落花。我本玉皇司鐸吏，種成桃李問桑麻。

七夕送諸生行

誰無鄉思望鍼樓，我輩奔馳志未休。輸入文明新教育，保存儒雅舊風流。那堪今夕槎浮客，卻送行人月滿舟。臨別怱怱留別語，者番化雨幾時收。

九叔屢示近作愧無以報連日侍飲歸來偶成一首

緣來心迹最相親，語語聲聲道性眞。到處吟哦饒興味，把杯脱略出風塵。酒酣更覺胸襟闊，夢醒方知世界新。傳説竹林多韻事，竟將猶子作功臣。唱和獨多。

王生文周畢業歸里自設義塾於廟台集乞作附庸特來面謁欣然許之

書生最好博虛名，有志都能事竟成。果欲廟台張漢幟，尚須官樣達皇京。作爲千倉策一外塾〔六〕。明知聖教原無類，豈爲流言背舊盟。吾鄉風氣不開，辦學即指爲洋教，流言頗多。當諸生在寧畢業時，予曾勸各人自設義塾，俟調查有成效，予認補助，作爲附塾。今王生果踐言，可欣可佩！朋自遠來誰不樂，愧無廣廈集羣英。

第一第二塾開學學生有百餘人第三第四第五第六第七第八各塾報名者亦甚衆輿情歡躍喜而書此

誰謂吾鄉盡梗頑？五年一變舊時顏。丙午創設第一義塾，學生僅二十餘人，尚屬强迫，吾鄉設學自吾塾始。彼時風氣未開，今年推廣七處，近悦遠來，倍於往昔，殊覺可喜。欲將風俗成仁美，强借文章化野蠻。千輩兒童爭問業，八方鐘鼓聽催班。先設八塾。農家果識詩書樂，願築茅堂十萬間。

夜臥醉翁榻戲吟

客舟一榻獨横陳，醉後方知意態眞。欲學彌陀修活佛，休教夢寐惹芳塵。狂呼陶令稱知己，淵明榻。抛卻楊妃不是春。楊妃榻。兩眼朦朧一壺酒，臥龍現出自由身。

南米食盡强食豆粥

半生嗜好慣鑾方，不識農家刈麥場。老大歸來貪酒肉，兒孫生長盡膏粱。故鄉偶嚼蔬羹飯，涼夜新炊豆粥湯。魯叟在陳我在潁，絶糧風味竟同嘗。

寄别九叔潁上舟中作

别來行李尚淹留，夜半瞞人去放舟。送行者多，故瞞人去。萬里江湖尋醉夢，百年身世等沉浮。劉郎此渡蓬山遠，黄鶴高飛雲路悠。異日相逢在何處？金焦兩點共優游。

留别千倉義塾

桃李新栽滿故鄉，春風時雨費商量。此次因視學來，本擬推廣二十餘處，實以籌款之艱，兼有乏才之歎，姑待來年再圖增續。三年期月存奢望，萬户千童讀憲章。各塾皆授國民讀本，前數年所未有事，亦憲章之一端。臨去秋波隨月轉，醒來春夢爲人忙。願將祖業興文教，祖遺田産除留給弟子輩足敷養贍並培植就學外，悉數捐充學款。俟此次推廣各塾辦有頭緒，仍决意推廣第九以次各塾，並另設初級師範講習所，别設千倉女學。約四五年後，當皆可望成立。亟盼弟子輩同志繼起扶助，俾垂久遠，庶不負乎初心。那惜千倉與萬倉。乾、嘉、道三朝，先世富名徧鄉里，所居之地從此遂號千倉灣，安知後來不更有萬倉灣耶？

中秋後五日聞川鄂告警電

蜀江風冷楚江寒，衮衮東流百尺瀾。搔首青天烽火急，驚心白浪水雲寬。未聞一箭穿遼闕，只見千軍擁漢官。莫謂盛朝無闕事，萬方多難共誰看。

八月二十六避走海上留別千倉山館

招隱三年隱未成，四方風動演刀兵。亂邦託迹終非計，陋巷深藏枉受驚。但是有家歸不得，可憐何處去偷生。飄然引出臺城外，海闊天空任遠行。

長女珊子肄業師範五年避亂不能畢業

九仞功成一簣難，誰知平地起波瀾。文章但恐遭秦焰，巾幗何妨學木蘭。亂世還鄉誇膽壯，孤燈照影怯襟寒。江南江北音書斷，夢裏家山不忍看。

重九日乘汽車至金陵千倉山館登高邀友人飲於曠觀閣

風聲鶴唳過重陽，千里歸來采菊忙。扶杖登樓招酒伴，摘花插鬢展詩囊。煙霞掩映江城遠，刁斗森嚴旅夜長。一醉幾忘烽火急，曠觀閣上尚清涼。

江寧守城方伯李公避亂駐滬贈道裝寫眞片予贈以釋裝片戲題

昔公居顯赫，我獨不相親。今公將隱遯，我欲結爲鄰。公抱清貴體，我非錦繡身。道義雖相合，文章莫與倫。同爲避世客，留滯春申濱。公獨能樂道，我亦能安貧。朝夕偶過從，謝絶官中人。吾輩衣冠舊，人間日月新。營營何爲者，寂寂豈無因。雪泥鴻爪迹，僧道兩頭巾。

南京軍亂既定臨時政府已成總統都督宣布命令保護人民財産冬十一月第三師團礮兵第三聯隊隊長鄧翊華率隊占據千倉山館因索鑰匙不得欲鎗斃守門人魏錦富迫入室後將層樓什物移置顛倒盜賣者亦不尠詩難盡言聊述當時情形而已

我在臺城下，築室避妖虜。忽聞興義師，野人嘗歌舞。不料義師來，竟反賓爲主。奪我五層樓，破我千重户。飲我甕中酒，折我園中樹。果爾愛吾廬，何致覆吾宇？憶昔遇亂軍，尚未成焦土。於今興義師，何竟如猛虎？皇皇大師團，堂堂新政府。君不見鵲巢鳩占我無家，又不見鳳去臺空誰與伍。司閽者何罪？横暴恃柯斧。隱居者何辜？蹂躪徧園圃。我固無所怨，我亦無所怒。家在石頭城，人在春申浦。朝發可夕至，與君一揮麈。擬親往與之直接交涉。

辛亥九月避亂滬上設漢學館授徒壬子新歲作

去年欲作游山客，今年欲作避世翁。數頃良田歸未得，半生春夢總成空。欣逢臯比羅前席，羞與桓文論霸功。某生貽書敦勸出山，婉辭卻之。且説江南丹橘好，誰憐海上一孤鴻。

聞北伐隊女子軍劉慧瑛瑶卿占據金陵千倉水榭

客來不問主人誰，紅𩍐青驄善轉移。聞將北伐隊改習工藝特設學校。幾輩木蘭空抱負，後來蘇小尚追隨。聞其中皖人甚多，用錢塘蘇小，是鄉親典，實無他意。秦淮講席憑君創，江漢奇才好自爲。湘鄂人亦不少。商女琵琶環咫尺，一聲胡語一聲悲。

自題釋裝小影

朝隨旭日起，暮隨白雲去。悠悠醉夢中，生死無依據。道在無何鄉，經云不用處。學禪或學佛，誰毀復誰譽。張目多障礙，閉目少憂慮。倘有知心者，此心當可恕。

又題小影

涅槃清淨得依歸，休問塵寰是與非。舉目未能償素志，回頭不若學禪機。小影作閉目狀。手中記念心中佛，頂上圓光身上衣。濁世但求聞見少，從今嘗歎故人稀。

汪瞿戡京卿從粵西歸往金陵訪予於臺城始知予避亂來滬昨由寧至晤對情深詩以紀懷

八載與君別，回頭如昨時。年年嘗相望，曾寄兩三詩。不負名山約，誰知淑景移。臺空鳳凰去，感慨復何爲。

招隱臺城下，馳書到桂林。公來我已去，誰復鼓瑟琴。烽火催人急，蛟龍何處尋。孤鴻飛海上，一片白雲心。

喜晤瞿戡對飲感懷

桃花潭水晉陽春，一曲霓裳不染塵。草木有心何待折，英雄失路怪前因。當年同是籠中鳥，此日偷閒世外身。二髯交親比元白，敢將美酒醉詩人。

晚餐别後再賦一律寓勸誡意

醉後狂吟别後詩，詩中不盡意中詞。天涯淪落多同調，時局顛危賴自持。不爲一家貪飽煖，何勞萬里效奔馳。老來應覺心情淡，莫比當年馬上時。

偶於行篋中檢得相片六葉服裝不同境界各異可見近十餘年之變遷因將合配一鏡分籤標注儒服時代官服時代游學時代從戎時代新軍改制時代亂世逃禪時代題詩六句

書生有本色，服官廿四年。蓬萊築别墅，燕趙著戎鞭。按劍觀時變，更衣學老禪。

戲答瞿戡翦髮留髯原韻並自述

年年濯髮到扶桑，日本古俗，濯髮實五日一休沐，今斷髮矣。兩鬢稀疏我亦蒼。豈料烏絲隨帽落，與他話別是重陽。予去歲重陽日翦髮。若大頭顱號半僧，予自號『半若僧』。此身蕭散又何曾。老髯我應居前輩，予蓄髯八載已。可有禪門許共登？

醉後疊瞿戡前韻

茫茫世界歎滄桑，君我而今已半蒼。頂上圓光誰護法，回頭紀念舊重陽。公爲重陽留髯，我亦重陽翦髮，誠好紀念。薙頭還是在家僧，只説游山也未曾。此日相逢如再世，青雲有路盍同登？

瞿戡奉某當道電招由寧而贛潯陽客中寄詩索和步元韻

憶從昨歲去金陵，宦海交親冷似冰。朋自遠來如舊雨，公由桂林走湘漢而寧滬。我爲時困戀青燈。避亂滬上，設館授徒。茫茫湖海驚虬隱，我固老髯，公亦新髯。振振江淮有闞棱。闞從杜伏威轉戰江淮，拜授左領軍將軍，遷越州都督。寄語潯陽江上客，漫隨驥尾逐飛蠅。

金陵千倉山館被陸軍第三師團礮兵第三聯隊鄧翊華率隊占據館中器具久假不歸舊存書籍字畫及編纂稿册别儲一室忽於新曆四月十三日焚燬一空聞之不禁有感

林園轉眼化邱墟，悔向名山卜隱居。萬卷文章遭劫燼，半生心血盡焚如。宋元板書籍字畫，世間固不多覯。手批殿板十七史、分編五經經解，著作精華，盡在於此。其他雜纂十數種草稿悉數付炬。誰云身外無長物，只怪閒來愛著書。回首臺城空悵望，不知何處是吾廬。

陳生睡怡郵和題釋裝韻並附來謝君湖姪益姪諸和作甚多仍用原韻答之

昨歲悤悤去復歸，半年大局竟全非。樓臺早已無餘燼，指千倉山館言。時勢何曾得轉機。老境過來皆化境，朝衣典盡換僧衣。郵筒惠我新詩句，如此知音世所稀。

拈花笑者寄和原韻六首再疊前韻答之

南轅北轍莫如歸，今是緣來昨已非。只得逃禪能獨善，誰云避世弗知機。人間那有桃源境，座上空懸大士衣。不學嚴陵學巢許，高山流水賞音稀。

旅夜感懷

幾卷禪經幾卷詩，低徊生事總遲疑。挑燈有味還如昨，捧腹原知不合時。滿眼紅塵都是夢，一身白衲笑吾癡。老來獨宿偏貪醉，夜半無人賴自持。

春申江客中寄九叔

阮家有子歎飄零，放蕩江湖酒未醒。莽莽中原誰逐鹿，勞勞半世等浮萍。鉅篇倉卒遭秦火，殘卷吟哦照露螢。客裏韶光容易過，故鄉消息夢中聽。

日本旅館端陽日作

東家艾酒兩三罇，古俗於今亦僅存。日本鄉人多從古俗，今中國改用新曆，古俗更屬僅存。架上菖蒲多異色，西洋菖蒲。盤中菰黍帶微温。糉如餅式，實菰黍之舊形。釵符插徧妖姬首，桃印高張客舍門。念我中華新正朔，四時三節應猶存。

四十四歲生日再疊前韻

宦海都成劫後人，我從屈處又重伸。高臺廣廈難爲繼，和服歐冠强自新。亂世逃禪貧亦樂，暮年學道智通神。紅顔未老鬢先白，今歲始有白鬢三四莖。半百光陰欠六春。回頭江上舉觴時，近年皆在金陵，親友邀飲江上。今日重吟第五詩。自四旬始，每歲皆疊韻。恬淡何曾嫌福薄，安閒自恨隱身遲。三三徑裏常相醉，四四年來忙不知。摘得榴花攜得酒，還邀明月照花枝。

五月十一日由滬起程回潁

黄梅雨裏束歸裝，戴笠披簑興欲狂。非爲蓴鱸眞適味，原思棠棣結聯芳。家庭尚有含飴趣，世界徒嗟逐臭忙。試問生平何所樂，莫如田叟樂耕桑。

到家

一笑相逢劫後身，舉家疑是夢中人。廬山面目何曾改，野老頭顱竟自新。誰謂還鄉非樂土，獨憐亡國有遺民。頑孫弱弟都無恙，怪得荆妻不避秦。

陳生贈句答和元韻

劫後還鄉第一回，緣來塵事已成堆。征人道路披榛莽，志士胸襟化燼灰。知己如逢甘雨潤，新詩不待片雲催。唱酬慚愧無佳句，惟有青燈醉緑醅。

到家半月暑疫交侵急急束裝東下

游僧去住本無心，千里歸來百病侵。倦鳥原思營舊窟，閒雲何事出深林。蓬壺路遠人難到，箕潁風高道可尋。不厭江湖厭鄉里，且行且樂且狂吟。

夏六走隱惠泉山蚊蟲潮溼不可以居仍往滬上避暑設館授徒

昔欲隱惠山，非爲愛其地。因聞泉與酒，足慰生平志。希望已有年，此日方從事。水畔訪名園，山前游古寺。擇居在潛廬，欣欣頗得意。不料入夜來，蚊蟲能作祟。楊氏闢此園，潛廬爲楊氏産。客來無寢席。十餘年來，久無人居。園丁避兵去，半載無人迹。蔓草結荒煙，游魂度殘夕。緑草已滿前，青苔復盈尺。癘疫久浸淫，有損反無益。不如走海濱，仍著尼山屐。

舊曆中秋夜望

滿天涼月照江潮，舊迹殘痕未盡銷。玉宇瓊樓懷往事，銀盤金餅度良宵。三更夜色西風冷，萬里秋光北斗遥。試問嫦娥新世界，廣寒宫裏可蕭條？

九秋歸里迎季弟及長女

千里江淮去復還，此身何事戀鄉關。向平有願終能了，季子多才太不頑。生計茫茫嘗過慮，塵緣擾擾那能閒。東風聊解征人恨，更借西風再出山。

擬設初復小學校

千倉各塾去年遭兵亂解散後，至今未能恢復，擬先辦一初復校。

千倉桃李盡凋殘，熱血成冰骨肉寒。聾聵有時能振發，詩書何罪受欺謾？欷歔世變終無補，收拾門牆且壯觀。忠告吾鄉賢父老，莫因亡國竟偷安。

月夜到家

夜寒客路怯深秋，九曲三灣未盡頭。怪得風姨貪晝寢，幸逢月姥送歸舟。喜看鄉樹千條茂，遥聽鐘聲十里收。野市鷄鳴天未曉，到家已報五更籌。

賀九叔新樓居

吾家樓閣馳名久，先世樓居悉遭兵燹，鄉人至今仍稱吾家爲李家樓。阿叔門楣特色新。新樓居實冠一鄉。誰謂故鄉無樂境，偏宜此地駐詩人。桃源不改衣冠舊，竹徑相逢笑語親。敢與二疏爭志節，半僧半道兩頭巾。

留稼山莊晨起作

孤蹤早已遠塵埃，劫後還鄉又一回。只爲今生緣未了，竟教此日我重來。江南歸興猶如昨，客裏秋風故意催。醉筆顛狂何所託，聊攙夢話作詩材。

虎姪惠我酒殽並和舊韻答以長句

嘉殽美酒和新詩，醉飽狂吟固莫辭。二阮心交原脱俗，老僧口福獨相宜。長途賴有杯中物，一飯常留别後思。東去蓴鱸滋味少，回頭還憶竹林時。

再答虎姪原韻

連章疊句意纏綿，省識髯翁是酒仙。昨夜分來新菊甕，今朝又賦惜花篇。千條别緒縈情海，兩地相思寫錦箋。此後春梅傳好夢，江南寄贈一枝先。

三答虎姪

欲從方外結仙寮，奚必新詩屢見撩。佳句原爲情意迫，離人只怕夢魂銷。興來筆墨如歌舞，別後音書漫寂寥。君問明朝投宿處，我將隔水問漁樵。

喜雨柬張怡叟飲酒話別

一時甘雨從天降，昨夜秋風捲地來。卻喜老農歌樂歲，何妨今夕醉新醅。隔牆索和猶嫌遠，折柬相邀莫待催。臨别依依無限語，勸君共把菊花杯。

過正陽候睡逸偕行閒詠

連日西風送我回，陽關遲滯待君來。寒天雪浪如春漲，沙河水涸，幸值大雪融化，陡漲。客路秋光照酒杯。夜半吟魂成好夢，眼前野景盡詩材。果然不負聯牀約，海上游行亦快哉！

感　歎

半生婚宦誤年華，望到兒孫願更奢。垂老方知身事累，著書須待後人誇。懶從濁世求名譽，那有癡情戀室家。揮手但尋湖海趣，明年濯足去天涯。

移居小普陀夜作

一家合住小普陀，寂寂空房放醉歌。予獨宿書齋中。明月有時來作伴，新詩得句不嫌多。定中恍覺成仙境，夢裏依然是酒魔。夜半聞鷄嘗起舞，隔牆阿弟唤哥哥。四弟宿後房。

訪夏繭叟吳劍隱偕飲杏花樓賦此

海上名流無幾輩，座中知己只三人。身經烽火心猶壯，隱到江湖志已淪。豪傑都成灰若燼，風煙莫辨漢將秦。當軒下馬且狂飲，爭看髯翁漉酒巾。予飲獨多。

柬瞿公並自述

君家左右皆金屋，我輩淒涼似石頭。海上樓臺空寂寂，壺中日月自悠悠。劫來宦海無知己，醉後狂歌勝遠遊。幾卷殘經幾杯酒，閉門當可傲王侯。

奉和九叔郵寄見懷二律原韻

誰人唱和最情深，惟有高風在竹林。每憶鄉園多樂趣，自憐僧舍歎孤吟。恨無知己賡同調，喜讀新詩見道心。當此開緘三復後，恍如夢裏得佳音。

此間髣髴是村居，現移小普陀，即海市之鄉。日與兒孫讀五車。卻喜門前無俗客，欣逢海上見奇書。骨董家兜售宋元板各名人專集，古本書極多。雖無購貲，頗增眼福。家庭粗備糟糠味，身世都從劫燼餘。笑看繁華新市界，紅塵吹不到吾廬。

湖姪寄詩勸予納寵戲答二律

別時正值雪紛紛，客路無聊借酒醺。生事過來原是夢，多情愧我不如君。阮郎遠道貽紅簡，髯隱孤蹤寄白雲。試問寒梅著花未，定知湖畔自芳芬。

別後淒涼望正深，登壇無日不思君。忽從郵簡傳新句，益動金樽憶舊心。醉後未忘嘉貺意，臨別贈酒甚多。詩來卻爲美人吟。名花有主誰堪折，問到儂家夢已沈。

賀九叔五十九歲生辰原韻

漢家破碎舊山川，皓首黄冠獨巍然。潞國精神眞壽相，伏波顧盼尚雄年。正思綵筆書雲上，忽奉華箋到眼前。遥想萊衣環膝舞，千倉樓閣汝陰田。

答九叔見懷韻

别來夢想馳千里，到此雲遊恰五旬。常欲寄書無善狀，每逢飲酒憶詩人。定中偶得參禪趣，醉後陶然自在身。敢問尊前湖海興，何時江上踏紅塵？

謹步九叔閒意韻

茫茫何處覓知音，鶴與先生抱素琴。歸臥高山常獨醒，身逢濁世愛閒吟。匡廬養望週花甲，阮老多情戀竹林。今日仲容雖作客，回頭猶繫故園心。

謹步九叔樓居韻

樓臺終日即仙鄉，絃管從容意味長。檐下畫眉初解語，來詩有新養畫眉語。春來燕子更窺梁。偶逢謝傅同遊客，豔説東山百尺牆。知是瑯環眞福地，區區一瓣祝心香。

祖遺財産爲弟子輩分析感歎

八世同居憶沌村，義門自有古風存。獨憐鷩雁分行日，賴有寒雛戀母恩。予既放蕩江湖，内子自應就養，故云。庠塾未能償素願，田廬尚可庇孤根。處兹亂世，義田義塾寄託無人，暫將分給弟子輩，各保其私。俟國是大定後，有正當之教育，再爲集貲合辦，亦頗易易。但恐江河日下，政俗日乖，設學誤人，非吾志也。區區祠産承先志，莫把膏粱誤子孫。先君捐入祠堂十頃，專辦義塾。現既不能興學，亟宜別籌善舉，萬不可收回管業，自益私囊。須知子孫飽煖過甚，貽害匪淺。

醉後自述

莽莽塵寰寄此身，不求聞達即沉淪。老來因醉常揮淚，劫後深居獨耐貧。寧對紅裙飲白酒，怕隨流俗作盲人。偶然惆悵行藏事，那有桃源得避秦。

舊作草稿焚燬於金陵千倉山館十居其九近憶舊作隨手録存合近作共得四百三十四首録畢自題

懶作新詩寫舊詩，詩中優劣寸心知。抒情慨俗多憂憤，詠物書懷盡笑嬉。醉後狂吟無老伴，生前傲骨誤清時。世人儻識髯翁意，再獻陽春唱和詞。

校記

〔一〕篷　當作「蓬」。
〔二〕枼　當作「罘」。
〔三〕款　當作「欸」。
〔四〕辛卯　當作「辛丑」。
〔五〕陰　據上下文，當作「陽」。
〔六〕策　據上下文，當爲「第」之訛。

注

㈠翁大司農　即翁同龢。
㈡陳書三十六　即條陳三十六策：（一）設憲法院。（二）派游學生。（三）裁併官署。（四）添練軍隊。（五）造就警察。（六）平治道塗。（七）禁吸鴉片。（八）撤銷釐金。（九）組織師範。（十）提倡女學。（十一）編譯西書。（十二）開設農會。（十三）研究商業。（十四）增廣製造。（十五）振興墾牧。（十六）整頓森林。（十七）官立商品陳列所。（十八）官立工業獎進會。（十九）修鐵路。（二十）創銀行。（二十一）推廣郵政局。（二十二）安置德律風。（二十三）電費從廉。（二十四）技手傳習。（二十五）招商採礦。（二十六）勸民植桑。（二十七）鹽務就場征税。（二十八）漕米折色繳銀。（二十九）永遠停止捐納。（三十）變通改良科舉。（三十一）急儲外交人才。（三十二）清查全國户口。（三十三）飭籌預算議案。（三十四）補救洋債辦法。（三十五）撙節內府經費。（三十六）保持國家法權。

㊂劉峴莊宮保　即劉坤一。

㊃張香濤制軍　即張之洞。

㊄條陳十事：（一）清淮宜駐重兵。（二）蘇、寧宜停海運。（三）句、丹宜開礦利。（四）皖、贛宜修鐵路。（五）製作槍礮速改新式。（六）鑄造銀元推行紙幣。（七）振興學校尊重純儒。（八）提倡工藝招集貧民。（九）開演説會以啓民智。（十）延顧問員以徵政見。

㊅鄂督　即時任湖廣總督的張之洞。

㊆江督　即時任兩江總督的劉坤一。

㊇南皮尚書　即張之洞。　新寧宮保　即劉坤一。

㊈合肥相國　即李鴻章。

㊉條陳十事：（一）籌辦丁捐。撥還洋債。（二）整理鹽課。裁併稅場。（三）統捐印花。永裁釐金。（四）通用紙幣。普行全國。（五）廣設學校。注重師範，師範畢業，須多設鄉小學。（六）改練軍隊。速編操典，操典編成，須通行廿一省。（七）擴充製造。槍礮兵艦，添修新式。（八）振興工藝。編織手工，獎進女職。（九）開除黨禁。保皇革命，概不株連。（十）研究憲法 皇室民權，悉遵公律。

東撫袁公　即時任山東巡撫的袁世凱。　皖撫王公　即時任安徽巡撫的王之春。

⑪皖省大撫　即安徽巡撫王之春。

⑫蔡公使　即清駐日公使蔡鈞。

⑬袁慰亭宮保　即袁世凱。

⑭江督　即時任兩江總督的周馥。

㈤大府　即時任安徽巡撫的恩銘。
㈥江督　即時任兩江總督的端方。
㈦張安圃制軍　即兩江總督張人俊。

佚文輯補

清國山西太原省城撫憲張大人鈞啓

大人閣下，敬肅者：　叩别慈顔，時深孺慕，北京所發安稟，計早邀覽。　職道於七月二十八日率領學生由津沽登舟，次日抵煙臺。　又越日入黄海，風濤大作，竟顛簸四晝夜，同人非常驚恐。　初四日過長崎，皆欲改乘火車。　適鐵道爲風雨所毁，初七日始起程，初九日到東京。　先是，職道在長崎時發電，來京旅館、學堂預爲商定，並囑監督布置，一切均已妥協。職道到京謁公使後即刻分送各校，不旬日間大概皆可開班。　惟政法須下月入新班，農林學生張聯魁、崔潮二人日語粗通，勉力聽講，已逕送帝國農科大學。　其餘二名並長期師範生，必須先習語言，已送入經緯學堂普通班第二年級。　警務學生本擬入警視廳，該廳現因國民沖突，頗受損害，不收外國學生。　適經緯學堂新添警察班，教習亦多延自警廳，閲課程表尚屬完全，已於昨日將該學生等一併送入經緯學堂，定限一年半畢業。　此外，私費諸生亦代紹介，各得其所。　知關廑念，專此稟陳。　職道就醫，診治腰疾，尚未見痊。　據醫者云，非半年後不獲成效。茲擬小作盤桓，月内取道申江，逕返蘇寓。遣兒女輩出洋留學，職道亦極欲棄官就傅，但恐貲斧不繼，難以如願，姑俟回蘇再作通盤籌劃，行止方可定耳。素承垂愛，用敢附聞。前者，孫守振家由晉省到京，恭述憲諭，賞給職道川資，不准固辭等語。拜領之餘，感慚交集，正未識圖報有日否，惟求俯賜提撕，俾得勉效馳驅於萬一爾。肅叩鈞安，職道李宗棠謹稟。中秋前三日日本東京寄。

欽命山西巡撫部院張大人安稟

大人閣下，敬稟者：六月二十五、三十等日肅寄兩稟，計當早邀鈞督。七月十五日電稟，於十八日接奉覆諭，敬悉延聘教習一節。自本月下旬後歇夏假滿，始各歸京。近來職道在此，藉考察警務之名，往各警察署參觀，就此徧加咨訪，留意人才。茲訪得東京現任警察署長、警視官柏原公敬，忠勇素著，教練甚精，惟右手有殘疾，係明治十年討西鄉亂受傷，現在寫字做事皆用左手。今年四十五歲，係警官練習所出身，氣體强健，相貌端莊，平日極有品性，區區手疾，毫無窒礙。尚肯就中國之聘，充正教習，分位相當。又，東京消防第一分署消防士兼警視廳警部寺坂藤楠，係警察監獄學校警察科一種生徒出身，得有卒業證書，現年三十六歲，熟習消防及警察操練。本科既經畢業，堪充副教習之選。查，此項副教習應受正教習之節制，正教習係曾任實缺署長之警視官警部屬焉，與他項出身之教習不同，當與總監商請選派，但合同之條款費盡磋磨。職道惟有遵照憲電，並前奉吴護院酌定十五款力持原議，不敢輕予通融，往返商量旬餘，始克定議。幸賴我憲臺望隆中外，職道藉得以折衝於樽俎間，其合同中略有減增，均屬無關大要。所定月薪，正教習貳百兩，副教習壹百兩，均湘平銀。以由東起程之日起算，二年爲限，川資由日本至山西，給日鈔叁百圓。期滿回國，給湘平銀貳百貳拾兩，正副教習同。昨今趕將合同繕就，送請欽差、外務省蓋印，大約明日可送警視廳。惟兩教習行期尚未定准，因現任署長須派人接替，清算交代後，官舍須讓出，另租住宅。至寺坂之行止，胥聽柏原君主持，八月内必起程。此次兩教習皆不挈眷，惟柏原君擬帶一巡兵充服役，係出自費，未便阻止。此聘定教習之大略也。學科課程，緩日挨次商訂。教科圖書，當在東京購備。繙譯之人極難其選，文理通暢者，月薪非二百金不就。留學生中，品流太雜，有志學專門者不屑就此，其願就者必有他故，人品心術，尤關緊要，使館刻有乏才之嘆。原有譯員四人較優，現爲北洋、山東及張冶秋尚書、盛宫保紛紛咨調，已去其三。現僅一人，甚覺束手，此人萬不能離矣。我國學堂延請外國教習，全在用一得力繙譯。若無譯本，或則譯本不精，貽誤孔多，徒勞無益。職道由京津而東渡，隨處留心，竟不獲一當意者。兹有湖北留學生徐美韶，留東將五六年，語言或較農工局陶姓稍勝一籌，文字只通淺近。如果物色無能過此，擬即派充繙譯，月支薪水銀五十兩，一俟起程定期，再當電稟，以慰廑念。肅此寸稟，敬請鈞安，伏乞垂鑒。職道李宗棠謹稟。七月二十九日滿八月初一日發，寄由天津轉交郵局。

（以上皆輯自近代史所藏清代名人稿本抄本第九三册第四十卷，國家清史編纂委員會·文獻叢刊第一輯，大象出版社）

恭賀張曾敭任浙江巡撫稟文㈠

二品頂戴按察使銜江蘇候補道李宗棠謹稟大人閣下，敬稟者：竊職道猥以庸愚，久依幬覆。深慚駑鈍，荷垂盼於雲霄；渥受鴻施，浹感懷於肌髓。兹際璇璣將轉，欣瞻棨戟遥臨，恭維大人恩承北陛，福被南方，如春流膏澤之施，中外人咸欽夙望；有美壯河山之色，東西浙共仰明威。拜宫壺賜酒之榮，瓊筵樹馥；慶傅鼎和羹之瑋，官閣梅舒。即總師干，允孚豫頌。職道聽鼓鍾山，鶩心鄒律，虚抛駒隙，聊徵故事而懸羊；遥跂龍門，願效深情於燕賀。肅修寸簡，恭賀任禧；虔頌年釐，敬請勛安。伏乞垂鑒。職道宗棠謹稟。

稟憲臺張曾敭請調浙江事㈡

二品頂戴按察使銜江蘇候補道李宗棠敬再稟者：竊職道叩辭後，即日起程，次早過滬，英美界已開市，街面雖覺稍安，人心尚未大定。滬道意欲請兵彈壓，諸領事皆不允，反謂華兵不足保護，適足滋擾。外國團練兵已分段駐紮，外國軍艦隊已連日登岸。有無後患，殊難臆料。此次暴動情形，實由於乘機作亂之徒，現在釀成國際交涉，將來要挾之事，不止一端。會審公廨，勢必援法廨例，始肯完場。果然，則租界權限漸蹈香港覆轍，危何可言！玉帥昨奉電旨，親往查辦，不日當可議結矣。職道趲程返甯，恐負擅離職守之咎，因未得以躬送慈旌，深抱歉仄。迴憶職道去晉時，擇人擇地，本屬兩難。臨別陳情，曾有北京待駕之約。到京後，某當道談及轉豫消息，曾又電稟求調。迨從東海歸來，適聞憲節南移，欣慰萬狀，於電賀時備述下悃。彼時未嘗不欲藉省改指銀兩。旋即接奉電諭，不得已乃改指江蘇。擇地而來，不如擇人而事。職道廿年奔走風塵，中少遇合，感恩知己，舍明公其誰依？草木向榮，犬馬戀主。今我憲臺履新有日，職道如慶再生。惜已到甯，現又奉差，不克隨侍到杭，尤增悵惘。茲擬辭銷學堂差使，臘底正初專誠投謁，倘蒙不棄，獲效馳驅，藉圖報稱於萬一，感幸無極。如可奏調，敢求電示，遵即束裝速來。（擬呈電稿一紙）如或緩調，可否仰懇憲恩，俯賜栽培，姑致玉帥一電。（擬呈電稿一紙）届時職道面懇暫留，必可邀允。如能調差，免致學堂爲難，亦實不啻受我憲臺之賜。能發此電，愈早愈妙。然此爲目前計，猶盼有後命也。恃承厚愛，冒昧瀆陳。又，查蘇浙兩省，本有會委之差。雖不奏調，亦得承命。如蘇州鹽捕營一事，向歸會委。倘蒙我憲臺與蘇撫憲函商及之，無不應諾。再有，蘇州督銷一差，爲我憲臺主政，此亦無庸奏調，統候鈞裁，無任翹跂。職道現候晉省咨文寄到，移司註册，詳院咨部，公牘辦妥後，即先來浙叩賀。再由浙赴蘇，見撫憲大約總在臘底正初矣。若奉奏調，刻已在甯，稟到毋庸往蘇，稟到職道改指南省，爲養家計，爲教弟計，爲遣子游學計，未嘗爲做官計。種種下情，均邀洞鑒。憶自拜違帥座，如孺子之離父母，無時不神馳左右，依戀至誠，筆難盡述。總之，在甯、在蘇、在浙，此時全賴我憲臺格外提攜，實闔家所頂祝，職道所希望者，得追隨我長者几席，常聆訓誨，多資歷練，或可有所造就，庶不負近年來我憲臺裁成之德。盼甚！禱甚！餘容面稟。不盡肅修，再稟再叩福安。職道李宗棠謹再稟。十一月二十六日。

稟憲臺張曾敭爲前往日本勸導留學生退學事㈢

大人閣下，敬稟者：竊職道叩辭後，上月二十六日抵甯，曾肅寸稟，計已早邀青鑒。

本擬臘底來杭趨投仁宇，藉效馳驅。是月初三日，忽奉玉帥電調到滬，因同鄉公舉，前往日本勸導留學生退學事，飭令即日起程。職道資淺望疏，豈能憑三寸舌作萬人敵？今爲公義所迫，竟不容辭，兹擬十四日乘公司船東渡，年内恐難返國。知關慈廑，專肅稟陳玉帥，擬定今日午後五時下船，翌早黎明起椗，直返金陵，沿路不看砲臺矣。前稟叩懇憲臺電調一節，如蒙俯賜栽培，仍求電致玉帥，倘獲寸進，受公之惠實多，一瓣心香，無任默禱。職道回國後，仍當抽身來杭，面聆訓誨。叩謝不盡，肅泐，恭賀崇禧。職道李宗棠謹稟。嘉平月十二日。

（以上皆輯自近代史所藏清代名人稿本抄本第一〇一册第一百零一卷張曾敭浙江巡撫任内有關人事信件之二）

稟大帥張曾敭爲在日本勸募事(四)

大帥鈞座，敬稟者：　叩別慈暉，倏經三月，孺懷瞻戀，思與時增。辰下敬維政履凝祥，起居曼福，爲頌爲祝。十月中旬，世臬司由杭到甯，辱承垂注殷拳，感無可報。是月杪，職道奉午帥委，赴皖桐查辦事件，往返兼旬，案已辦結，並未具領川資。十一月杪，又奉委赴日本、高麗勸募皖北賑捐，並調查學界事件，亦未具領川資。過滬時，借貸五百金，始克成行。緣以職道鄉土被災，鄰里遭厄，亦不得不盡此義務。由長崎而神户而横濱，至東京，擬本月二十一日赴高麗，將來仍取道長崎，内渡至早必須元宵左右。現在日本勸募多不過五六萬元，正在設法運動。高麗華僑雖多，富商有限，恐難得鉅款也。其調查未竣之事，擬託吴令春康接續調查。該令晉省監督已銷差，現奉楊公使留辦學界庶務。知關廑系，肅泐稟陳，敬賀年禧，虔請崇安。職道李宗棠謹稟。嘉平月十六日。

（輯自近代史所藏清代名人稿本抄本第一〇二册第一百零七卷張曾敭浙江巡撫任内有關鹽務信件）

稟大帥張曾敭文㈤

大帥鈞鑒：日前趨謁崇階，得承榘訓，孺懷欽服，莫可言宣。臨行復蒙厚賜珍肴，拜領之餘，曷勝感愧。職道叩辭後，於二十二日抵甯，一昨晉見午帥，温語優加。因同班十二人，不及詳詢履歷，惟以『江南有人滿之患，無從位置』等語，對付候補道員，鹽道朱某獻策，祇得嚴加甄别，除録用外，一概勒令回籍。自建此議，一時進退維谷者，頗不乏人。職道材本樗庸，何敢妄希非分？祇因室家累重，爲米折腰，遂致甘居腐敗官場，碌碌無所建白。廿年汗馬，兩袖清風，今猶是一乞丐兒，正不知其所終。素荷慈注，用敢率陳。午帥處曾蒙俯准賜函，務求早日緘發。既承憲恩諄切栽培，函内衹言熟習日本政治，不必指明學務，緣近年來爲學界供奔走，徒困風塵，毫無效果。此次公學監督，勉應同鄉之聘，年終仍擬堅辭。翹首龍門，傾心雀躍，專肅伸謝，敬請福安。伏乞垂鑒。職道李宗棠謹稟。

（輯自近代史所藏清代名人稿本抄本第一〇五册第一百三十八卷張曾敭浙江巡撫任内一般信件之五）

致太原撫憲張（曾敭）電

太原撫憲張鈞鑑：初二抵滬，初六赴津，教習偕來。職道李宗棠稟微。

太原撫憲張鈞鑑：新濟遇害。昨晚抵津。教習擬在天津學堂略爲參考。二十前必動身。職道李宗棠鹽佛照樓。

太原撫憲張鈞鑑：此次繙譯甚難，現有一員，恐不敷用。現有日本人月薪需百元，可否延訂？請諭遵行。職道李宗棠叩。

（以上皆輯自近代史所藏清代名人稿本抄本第一〇七册第一百六十六卷張曾敭電報電稿一）

注

㈠題目爲輯者所加。
㈡題目爲輯者所加。
㈢題目爲輯者所加。
㈣題目爲輯者所加。
㈤題目爲輯者所加。

附録一

千倉先生傳

千倉先生，江湖散人也。日愛寂坐，自斟自飲，口喃喃若有詠，人皆奇之。問其所云，笑而不答。先生家汝陰千倉鄉，相傳爲千倉醉翁。先生美鬚髯，又自號爲『髯隱』。幼好讀書，周秦諸子、歷代史傳，靡不徧讀。而獨邃於經學，嘗手批十七史，又纂五經經解。其他著作甚富，悉藏於家，刊行於世者僅五六種。先生性極和易，與人交無畦町。然志趣不同者，則落落焉難合。宦游二十四年，足迹半天下。常登泰岱，上琅琊，破浪而東，達於扶桑，彼都人士多從之遊。先生性豪爽倜儻，馳騁海内，有不可一世之概，而未嘗一謁權貴，折儒躬。居官持大體，好危言，有不合於國計民生則爭之，爭之不得則去。家有田數十頃，半種桃李，自奉儉約，蔬食布衣，晏如也。生平淡於仕進，塵芥功名，故不屑競一日之名，而肆情於山水詩酒間以自適。年四十餘，退老白門，築層樓於鷄鳴埭下。竹千竿，梅千株，四時之花自開自落。金石圖書，牙籤萬卷。暇則登樓遠矚，六朝煙景環拱樽前。先生嘯傲其中，若將終焉。辛亥秋，南風不競，先生避迹海上，而斯樓付於風月作主人。先生耽詩嗜酒，每日必吟，每夕必飲。一詩之成，皆有所指，名其集曰『詩史』。飲必盡數大斗，興酣高歌，俯仰宇宙。醉則枕書而臥，門外之膠擾不知也。酒消夢醒，明月横窗，則又與陶謝、李杜、元白諸公相晤對。陶陶然，怡怡然，詩城酒國，以享餘年。往來江淮，行李蕭然，酒數瓶，詩數卷而已。居海上年餘，屏僕從，寡交遊，閉户著書，不談時事。日夜叩門者，非酒友，即詩人。而今之達官顯者，謝絶弗見。時一出遊，或黄冠，或僧服，左手提榼，右手扶杖，徜徉於山巔水涯、雲林深處，觀鷸蚌相持、魚龍變化諸妙趣。日暮詩成，帶醉而歸，習以爲常。見者不識爲何如人，栗里五柳先生歟？洛下醉吟先生歟？先生慕二先生之爲人，而自成醉翁高風，即謂先生爲二先生之後身也，亦無不可。壬子舊曆季冬，弟子夢僧謹譔。

千倉醉翁小傳

千倉醉翁者，世莫識其爲何如人也。本隴西望族，家素封，良田萬畝，積糧恆千斯倉。又嗜飲，不醉不慊，既醉不亂，故因以爲號焉。好讀書，不瑣瑣事章句。喜爲詩，輒自道其性情，弗屑爲聲調拘也。生平篤好人倫，思得英才而教育。於是貨沃壤，充學費，創設千倉師範校於江南。校旁建五層樓，仿陶宏景故事，廣儲圖書、儀器於其間，爲後哲希賢者之楷範，幾傾其家。戚友交諫，子姓亦竊以爲言，而醉翁日飲无何，聽之晏如也。俄而劫遭陽九，世變滄桑，亂賊蜂至，剽屋焚舍。於是，千倉之美校，醉翁之高樓，遂灰燼於指顧間。醉翁則龍蟄海濱，賃廡授徒，擁臯比，講經史，戚友交慰。子姓又竊以爲慮，而醉翁則日飲无何，視之猶是晏如也。昔五柳先生不汲汲於富貴，不戚戚於貧賤，忘懷得失，玩世浮沈，達哉！斯人，非其儔歟！予與醉翁交最久，亦知其人最深，常相與唱和爲樂。既悉讀其所爲詩史，乃作此傳，以代弁言，相期有世外之達人能識之云。壬子舊曆嘉平臘醉司命日劍道人誌於海上。

（以上皆輯自清李宗棠千倉詩史初編）

附録二

與李宗棠蔭伯唱和詩

李汝振

送蔭伯姪

艱危時局起紛爭，呼酒澆愁百感生。游戲文章多怒罵，浮沉濁世誤功名。放懷强説心無礙，插足偏逢路不平。莫道蛟龍能久困，一朝飛去使人驚。

寄蔭伯姪

飽看江流落日斜，滔滔東去浪淘沙。英雄四海誰知己？生長他鄉便是家。地險六朝資保障，樓高百尺避繁華。千秋事業終陳迹，付與優曇一現花。

謝蔭伯姪贈眼鏡

畫龍飛去笑人驚，忽悟今朝乍點睛。眼底喜添新供養，胸中爭放大光明。一枝退筆身將老，十里看花霧不生。也與少年誇目力，此情何止重連城。

贈蔭伯姪

一幅林巒一畫圖，歸途景好不嫌孤。秋心澹遠身千里，醉態朦朧酒百壺。王氣山川留泗鳳，泗陵、鳳陵，前明發祥地。淮流門户鎖荆塗。拓開愁悶添豪興，寫入新詩數首無？

其　二

衣食勞勞計總疏，閒愁都借酒消除。長途景物初秋好，兩日舟車千里餘。身老江湖虚壯歲，數奇骨肉嘆分居。殷殷叮我遊山約，念載功名付子虚。

戲贈蔭伯姪

奔馳異國等鄉關，六渡東瀛任往還。大海波濤空眼界，孤雲蹤迹遍神山。匣鳴寶劍無餘子，硯捧倭姬解醉顔。我亦心雄輕萬里，乘風遑恤鬢絲斑。

蔭伯姪招飲

弟兄兼叔姪，小宴集羣英。入座疑春夜，分曹戰酒兵。天涯多别緒，今夕盡歡情。一醉扶歸去，陶然夢亦清。

和韻送别蔭伯姪

高敞層樓六扇窗，一官匏繫遠鄉邦。臺難避債腸迴九，月喜窺人影對雙。攬轡有懷期大用，裁詩信口本無腔。鐘聲破曉來何處？觸起離愁響亂撞。

和蔭伯姪僧裝小照

蒼涼悲壯少陵詩，感慨都成絶妙詞。轉眼滄桑多變態，傷心漂泊不逢時。聽殘白雪難求和，謝絶紅塵莫笑痴。一串牟尼一經卷，何嫌風雨苦支持。

其　二

三百篇多比興詩，敢將幽怨託微詞。萍蹤飄去原無定，花樣翻來不入時。石火電光如夢幻，名繮利鎖笑人癡。羡君踏破重重網，經咒空山苦自持。

其　三

銷愁排悶酒和詩，酒醉詩成絶妙詞。浄土難尋荆棘地，不才恐負聖明時。好憑佛果參心得，懶向窮途説夢癡。傾跌須防山路滑，一枝錫杖倩扶持。

和蔭伯姪樓居原韻

置身高臺紅塵遠〔一〕，搔首衰愁白髮新。酒恨量微容易醉，詩慚學淺不如人。桑麻偶課閒尋樂，骨肉相逢老更親。山野性成還自笑，冬烘頭腦一儒巾。

寄蔭伯姪

幾日樓頭别送君，瞬過匝月又經旬。離羣怕聽孤鳴雁，放眼誰來一解人。衣鉢有緣留異域，時爲日本教習。袈裟現相悟前身。拍有僧裝小照。名場擺脱心無礙，不染紅飛十丈塵。

偶成寄蔭伯

明珠魚目豈眞淆，聊把狂吟自解嘲。我本無才偏薄命，生多傲骨少知交。已將藐藐身如寄，未許些些事盡拋。掃卻閒愁詩勝酒，何嫌一字一推敲。

蔭伯姪由申江寄詩四章走筆答之

申江聞道歲三遷，遷得樓居不羨仙。逝水年催吾老矣，開緘詩喜句天然。交逢好友何嫌少，來詩云知己只三人。地近芳鄰亦是緣。來詩云左鄰皆住某某金屋。降卻塵魔心自在，朝衣一脱便參禪。

和蔭伯述懷原韻

申江繁盛甲中華，欲駐游蹤願久奢。誰料有人來隱遁，無求於世不矜誇。耗殘心血都成夢，寄得形骸便是家。高曠如君知己少，醉鄉日日樂無涯。

再答蔭伯來詩二首

富貴場中無我分，細將嗜好説君知。畫臨摩詰傳神處，書愛羲之入妙時。千載訂交陶令酒，一編結伴樂天詩。消磨歲月多閒事，不説與君更向誰？

雖然華髮已千莖，尚未游須策杖行。養静日吟詩一首，課兒夜坐漏三更。人逢久別情彌厚，花看將開眼乍明。少好嬉遊今老矣，讀書學劍兩無成。

九月既望與蔭伯同飲新樓

説甚光陰似箭催，離愁抛卻且銜杯。與君痛飲莫辭醉，如此良宵有幾回？

其　二

萍蹤聚處是風吹，散亦風吹豈强爲？聚散隨風無一定，人生何事不開眉？

仲鸞姪來談及蔭伯近事賦此以當晤對

已悟榮枯隨泡影，不愁凍餒即神仙。子孫成敗皆身後，骨肉歡娱是眼前。養静自能消障礙，隱居何必住林泉。浮生彈指三更夢，濁世埋頭數頃田。謝屐游山多勝地，阮囊沽酒有餘錢。茫茫四顧知音少，一語叮嚀抵萬千。

和蔭伯五古原韻

昨日上樓來，今朝放舟去。來去水上萍，飄然無根據。此去在何方？白雲最深處。不羨富與貴，不羨名與譽。脱離諸煩惱，何思復何慮？謂我爲忘情，我亦不求恕。

和蔭伯生辰述懷原韻

靈椿挺秀八千春，閱盡興亡世上人。逐浪虚舟原不繫，識時屈蠖豈求伸？九霄鸞鶴囂塵遠，一代風雲耳目新。煉得此身成鐵漢，丰標龍馬比精神。

其二

自憐花樣不趨時，一卷吟成紀事詩。悟到窮通如夢幻，悔多羈絆入山遲。心痴易動滄桑感，調古原非世俗知。密密網羅羅不得，飄然飛上最高枝。

寄蔭伯姪

人生如一夢，夢醒即成空。既已入夢境，萬事受牢籠。何不當夢時，直與醒時同？我爲達者言，水乳定交融。

再寄蔭伯姪

大地滿荆榛，耳無好消息。恨我入樊籠，不能振兩翼。羡君海上棲，飲啄皆自得。雖隔千里外，夢魂繞君側。

甲寅初夏游滬上喜晤蔭伯姪及三姪女

人生離合總摶沙，出岫無心感歲華。此去釣游多故土，偏逢骨肉聚天涯。興亡縱論空千古，笑語相親共一車。有酒如淮終日醉，此間樂已不思家。

寄蔭伯

曾幾何時已白頭，莫將佳日誤春秋。加餐竊喜老來健，乘輿仍思滬上遊。水旱災連傷祖國，干戈劫慘徧歐洲。側身何地能容我？無補安危枉自愁。

滬上蔭伯邀飲番菜館 補録

久别忽乍見，情親飲亦狂。我方來此地，客半是他鄉。烹飪厭魚肉，刀叉耀雪霜。飽餐歸去也，一路電爭光。

蔭伯築五層樓於鷄鳴寺下 樓名醉翁 兵燹被燬蔭伯重拍影片紀念

五雲深處五層樓，我恨登臨願未酬。興廢忽增今昔感，規模空向畫圖求。天涯冷落詩人夢，身世浮沉大海鷗。他日六朝尋勝迹，醉翁故址亦千秋。

答蔭伯 用原韻

天涯一紙報平安，道是新官等舊官。民國仍授道員職。莫問登場同傀儡，大都捧檄爲饑寒。英雄末路豪情減，興廢皇都冷眼看。塵海茫茫聊溷迹，挽回氣數十分難。

蔭伯姪寄近作詩一卷長句答之

遠寄詩篇纔展卷，喜拋離緒且銜杯。從頭似把閒愁訴，信手遍拈妙諦來。鸞鶴飛存天外想，鬚眉衰向鏡中催。世間理亂都經慣，風虎雲龍念久灰。

蔭伯來詩言夢中歡會並得佳句原韻和之

別久勞人多好夢，夢中驚醒每稱奇。似聞覿面招偕隱，相勸還山約後期。風雨五更千里隔，苔岑一氣兩心知。天涯四韻詩遥和，悵望榛苓寄所思。

（輯自清李汝振晚吟草，一九二一年夏月穎州鴻文石印局代印）

校記

〔一〕臺 原誤作「喜」，據上下文意改。

附録三

李宗棠年表

李興武 編

清同治八年己巳（一八六九） 出生

李宗棠同治己巳年五月初十日巳時生，汝陰千倉鄉人（即清末阜陽縣永興集，今屬安徽省阜陽市潁上縣新集鎮），係潁州李氏第十七世孫，永興集千倉李氏第十三世孫。（參見一九一五年重修隴西郡敘倫堂李氏宗譜卷三）

祖李蕚聯，字星如，郡庠生，例贈修職郎，覃恩誥贈奉政大夫，知州銜補用知縣，江蘇布政司庫大使加一級，晉贈通奉大夫，四品銜直隸州用，江蘇金壇縣知縣，晉贈榮禄大夫，二品頂戴，按察使銜，湖北補用道。父李方玉，字静夫，文童，以軍功保舉庫大使加知州銜賞戴藍翎，江蘇布政司庫大使，歷保補用知縣，補用直隸州，後以知府用隨帶加三級賞换花翎，欽加四品銜江蘇金壇縣知縣，歷署震澤、吴江等縣，誥授朝議大夫，覃恩晉封榮禄大夫，二品頂戴，按察使銜，湖北補用道加一級。

清同治九年庚午（一八七〇） 兩歲

阜陽李氏家族，世爲潁州巨户，千倉望族，富甲一方，源遠流長。

時捻軍甫平，天下初定，百廢待興。

六月，李鴻章任直隸總督兼北洋大臣，他逐漸總攬清政府外交、軍事、經濟大權，開展洋務運動，成爲洋務派首領。

清同治十年辛未（一八七一）　三歲

開始接受啓蒙教育。

七月，沙俄入侵新疆，侵占伊犂城（今新疆伊寧）。

清同治十一年壬申（一八七二）　四歲

四月，申報在上海創刊。

八月，容閎（一八二八——一九一二，字純甫，廣東香山人）帶領第一批留學生詹天佑等三十人赴美求學。

清同治十二年癸酉（一八七三）　五歲

五月，第二批官費留美幼童三十人由委員黄勝率領，分别由滬、港啓程赴美留學，另有廣東籍學生七人自費前往。

清同治十三年甲戌（一八七四）　六歲

二月，日本設臺灣事務局，在長崎設侵臺基地。

八月，第三批幼童三十人由委員祁兆熙率領在上海乘輪赴美留學。

清光緒元年乙亥（一八七五）　七歲

一月，同治帝駕崩，醇親王奕譞之子載湉繼位，是爲光緒帝。慈禧太后垂簾聽政。

九月，清政府派郭嵩燾爲出使英國欽差大臣，這是中國政府正式派遣駐外使節的開始。

清光緒二年丙子（一八七六）　八歲

李鴻章在天津設開平礦務局。

清光緒三年丁丑（一八七七）　九歲

六月，上海建成有綫電報。

是年，清政府派嚴復等二十餘人，分赴英、法兩國留學。

清光緒四年戊寅（一八七八）　十歲

以隨父官蘇，未得與童子試（民國阜陽縣志續編卷十人物志李宗棠，以下簡稱人物志李宗棠）。

京奉鐵路（北京—沈陽）開始修築，一九一二年建成。

清光緒五年己卯（一八七九）　十一歲

日本侵占琉球，改爲冲繩縣。

英文版文匯報於上海創刊。

清光緒六年庚辰（一八八〇）　十二歲

入京師，受業袁心谷先生門下。『少穎悟，博通經籍』（人物志李宗棠），『幼好讀書，周秦諸子、歷代史詩，靡不遍讀』（千倉詩史初編千倉先生傳）。

清光緒九年癸未（一八八三）　十五歲

十二月，中法戰爭爆發。

清光緒十年甲申（一八八四）　十六歲

清政府改新疆爲省，設縣，任劉錦棠爲甘肅新疆巡撫。

清光緒十一年乙酉（一八八五）　十七歲

十月，臺灣正式建省。

清政府成立海軍衙門。

清光緒十二年丙戌（一八八六）　十八歲

二月，婚配。娶懷遠邑庠生宋復矩公長女，芳年十六歲。

十一月初三日丑時，長子潤宇（一名潤官）生。

清光緒十三年丁亥（一八八七）　十九歲

英、美、德傳教士在上海設廣學會，編譯書籍，發行報刊。

清光緒十四年戊子（一八八八）　二十歲

『年二十，納貲爲郎』（人物志李宗棠）。

十二月，清政府組建北洋艦隊。

清光緒十五年己丑（一八八九）　二十一歲

入户部，授曹掾。輔助長官，處理政務。『昔年走帝京，從師來就讀。讀書未成名，遽爾學干禄。初授户曹掾，常著游子服』（李宗棠千倉詩史初編，以下簡稱初編）。

光緒皇帝親政。

清光緒十六年庚寅（一八九〇）　二十二歲

簽分户部四川清吏司兼廣東司行走，督催所正主稿，户部尚書翁同龢深器之（人物志李宗棠）。

清光緒十七年辛卯（一八九一）　二十三歲

任職户部。

清光緒十九年癸巳（一八九三）　二十五歲

改任農部。

清光緒二十年甲午（一八九四）　二十六歲

參加甲午順天鄉試落第。

七月，中日甲午戰爭爆發。

八月，清政府下詔正式對日宣戰。

甲午秋九月，時官農曹，三十六策條目，呈翁大司農（同龢）代奏，硃批：『知道了。』

三十六策條目：（一）設憲法院。（二）派游學生。（三）裁併官署。（四）添練軍隊。（五）造就警察。

（六）平治道塗。（七）禁吸鴉片。（八）撤銷釐金。（九）組織師範。（十）提倡女學。（十一）編譯西書。（十二）開設農會。（十三）研究商業。（十四）增廣製造。（十五）振興墾牧。（十六）整頓森林。（十七）官立商品陳列所。（十八）官立工業獎進會。（十九）修鐵路。（二十）創銀行。（二十一）推廣郵政局。（二十二）安置德律風。（二十三）電費從廉。（二十四）技手傳習。（二十五）招商採礦。（二十六）勸民植桑。（二十七）鹽務就場征税。（二十八）漕米折色繳銀。（二十九）永遠停止捐納。（三十）變通改良科舉。（三十一）急需外交人才。（三十二）清查全國户口。（三十三）飭籌預算議案。（三十四）補救洋債辦法。（三十五）撙節内府經費。（三十六）保持國家法權。

中日陸戰告急，呈請代奏投效前敵，因賦『請纓自負英雄氣，投筆何關故鄉情。預與三軍同奏凱，狂呼戎馬老書生』（初編呈請代奏投效前敵）。旋值議和，遂取消。

冬十一月間，奉大府命密查山海關軍隊。時有七十餘營，星羅棋布而無總統。清廷命劉坤一總攬前敵，『狂瀾既倒誰援手，名將中興誓遠征』（初編天津迎謁劉峴莊宫保賦呈）。天津迎謁劉坤一賦呈。

臘月二十六日，出京都赴江南。

改官湖北，保授湖北補用道。

清光緒二十一年乙未（一八九五）　二十七歲

新春到蘇州，時宋氏隨侍居蘇州。

四月，李鴻章赴日本簽訂中日馬關條約。

赴金陵謁張香濤（之洞）制軍，奉委籌餉局任職。條陳十事，蒙制軍採擇施行。十事條目：（一）清淮宜駐重兵。（二）蘇、寧宜停海運。（三）句、丹宜開礦利。（四）皖、贛宜修鐵路。（五）製作槍炮宜改新式。（六）鑄造銀元推廣紙幣。（七）振興學校尊重純儒。（八）提倡工藝招集貧民。（九）開演説會以啓民智。（十）延顧問員以徵政見。

奉公赴皖北，抵潁郡。

八月，康有爲、梁啓超等在北京創辦萬國公報，十二月改名中外紀聞。

是年留鬚，抵潁時引得鄰里爭先覩觀。

覃恩一品封典。

清光緒二十二年丙申（一八九六）　二十八歲

三月，清政府設立郵政，命總税務司英人赫德兼任總郵政司。

丁母憂，回蘇守制（人物志李宗棠）。

奉母諱家居，搜輯窗下課經雜作，編纂五經經解，合得六十四册，匯訂草稿，題曰『千倉經學館讀經雜志』。因賦詩題詠：『從師廿四載，窮經十五年。問心頗自得，信手各成編。』（初編丙申奉母諱家居搜輯窗下課經雜作編纂五經經解合得六十四册彙訂草稿題曰千倉經學館讀經雜誌題詠）

維新派在上海創辦時務報，梁啓超任主編。

是年，兩江總督張之洞奏派二人去日本留學，這是中國向日本派遣留學生的開始。

清光緒二十三年丁酉（一八九七）　二十九歲

二月，商務印書館創設於上海。

秋，鄂都張之洞保加按察使銜。因賦『伏闕陳書憶舊年，可憐少壯已虛捐。從戎未遂平倭志，報國羞輸納粟錢。不受君恩負知己，偶貪官爵愧名賢。頭銜換得新顔色，拂拭朝簪盍慎旃？』自注：『處此晚近，官爵何榮？』（初編鄂督保加按察使銜）

十月，嚴復等在天津創辦國聞報。

清光緒二十四年戊戌（一八九八）　三十歲

春，江督張之洞保加二品頂戴，賦詩記之，自注云：『「物以稀爲貴」，名亦然耳。現在官場幾乎無人不有虛銜，頂戴何足爲榮，適增一齷齪具耳！』（初編江督保加二品頂戴）

六月，光緒帝頒布明定國是詔，變法開始。

孟夏，奉發鄂省委辦鐵政、洋務總局。

『服闋後，以道員分發湖北，歷充鐵政、洋務等局差，鋭意整改，成效卓著，保二品頂戴按察使銜』（人物志李宗棠）。

七月，清政府創辦京師大學堂。

清光緒二十五年己亥（一八九九）　三十一歲

八月，奏議輯覽初編二十卷付梓。

仲冬，嚴親六旬晉一壽辰，乞假歸省。

是年，河南安陽殷墟發現甲骨文。

清光緒二十六年庚子（一九〇〇）　三十二歲

庚子事變，清政府對英、美、俄、法、日、德、意、奥等八國宣戰。

庚子五月，北京義和團舉事，警信頻傳，詔書屢降。時李宗棠掌湘鄂交涉，奉南皮尚書張之洞、新寧宫保劉坤一命，會議聯絡各國，保護長江條約。

湖廣總督張之洞、兩江總督劉坤一等不執行『宣戰諭旨』，與上海各國領事商定東南互保章程。

七月，遭父喪，回籍守制。皖撫鄧華熙奏派督辦鳳潁六泗團練兼理皖北營務處節制水陸各營，堅辭尚未獲許。江督劉坤一擬奏改督江安兩省團練事，仍堅辭之。

七月二十一日，接得北京警電，兩宫西巡，慶邸留守，伏枕一嘆。聞各國聯軍入都，聞合肥相國議和將望有成，均以詩記之。

庚子仲冬，條陳十事，郵達西安行在，南北洋政府暨鄂都張之洞、東撫袁世凱、皖撫王之春均奉批獎而事不行。

條陳十事條目：（一）籌辦丁捐。（二）整理鹽課。（三）統捐印花。（四）通用紙幣。（五）廣設學校。（六）改練軍隊。（七）擴充製造。（八）振興工藝。（九）開除黨禁。（十）研究憲法。因賦七律一首：『十年有志竟無成，那怕公卿忌賈生。仗策只圖籌實濟，犯顔豈爲浮薄名？低頭羞説宫中事，揮手空談紙上兵。此日欷歔千萬語，英雄意氣莫相爭。』（初編庚子仲冬條陳十事郵達西安行在南北洋政府暨鄂督張公東撫袁公皖撫王公均奉批獎而事不行）

清光緒二十七年辛丑（一九〇一） 三十三歲

三月，治印珍藏奏議輯覽初編，印文爲『光緒辛丑季春大興李氏珍藏』。

辛丑秋，奉皖省大府王之春命考察日本學務。

十月初五日，攜兒子潤官登日輪西京丸號，由上海啓程。初八日寅初二刻抵長崎港，開始了爲期近半年的首次日本之行。

經歷過甲午戰爭的洗禮，李宗棠對日本抱有一種十分複雜的心情，爲此賦長調曰：『怪哉蕞爾國，一躍登文明。嗚呼我神州，滓穢乎太清。』（初編辛丑秋奉皖省大府命考察日本學務）感嘆我大清物敝國衰，羡慕日本維新國盛。

因攜兒潤官赴日本留學，就讀於日本明治大學政科，賦訓兒吟云：『學不成才誓莫歸，勿爲榮利增煩惱。學不成才誓莫歸，勿爲邪僻牽顛倒。環球世界縱更新，言行要守先王道。』（初編訓兒吟）留示訓戒。

九月，李鴻章與英、美、西、比、荷等十一國簽訂辛丑條約。

十一月，李鴻章病逝。袁世凱任直隸總督兼北洋大臣。

從十一月十四日至十二月二十四日，數次拜訪清朝駐日公使蔡鈞，商留學生建會館事，公使意尚游移，舉棋不定，且唯諾間多疑義，憤而書此：『憐才報國兩相當，遊子何曾有別腸。愧我未能開廣廈，勸君少許解官囊。前途但可籌棉薄，來日何須備裹糧。此計原非饒舌事，三翻四覆費商量。』（初編與蔡公使商辦留學生會館事唯諾間多疑議憤而書此）

清光緒二十八年壬寅（一九〇二） 三十四歲

二月初八日，結束了四個多月的學務考察，由長崎港登舟展輪，初十日安抵上海。

此次除調查學務外，兼及海軍、陸軍并製造各工廠，考察極爲詳盡。於學務則編輯日本學校章程一百三十六種，分七類目：曰大學部，曰陸軍部，曰海軍部，曰中學部，曰專門部，曰女學部，曰小學部，圖書館章程附列於後。另譯萬國教育源流考六卷，藉此知日本教育取法泰西之實證。於海陸軍則著有東海觀兵記、海軍造船大要。於製造工廠則譯有炮兵工廠述略、日本造幣規則等類。（李宗棠東游紀念卷一）

四月，考察日本學校記十六卷付梓。

回國後，上書稟陳兩江總督劉坤一，擬在上海建設江皖師範學校并呈請督撫贊助。劉坤一贊同而皖撫王之春反對，最終不了了之。

首次赴日四個月零五天，考察學校數十處，參觀工廠數十間，竟日奔走，深宵編纂，除所列上述成就外，賦詩六十九首，與東游紀念互爲參證，盡載千倉詩史初編中。

六月二十四日，東京留日自費生二十六人要求保送入成城學校習陸軍未成，由吳稚暉、孫揆鈞糾衆與駐日公使蔡鈞發生沖突。蔡請日警彈壓拘捕，吴稚暉等人被日方驅逐出境，胡漢民等一百多人退學歸國，引起國内外强烈震動。（參見鄒博主編清通鑑第六册第二五〇六頁）

壬寅七月，李宗棠奉兩江總督劉坤一密札，赴日本東京查辦學生滋擾使館事件。十二日，從上海港乘博愛丸輪起程，十四日抵長崎。

七月十九日，近衛公爵、小林暨蘇、浙、皖、鄂諸生十餘人先後來答，諸生備述此次學界風潮之緣起（參見東游紀念卷二當日日記）。

七月二十日，訪小林君，備述公使蔡鈞召警察捕學生及託日政府驅逐吴稚暉、孫揆鈞二人事。並言：『貴國公使，一朝之忿，何必小題大做，驚動滿城風雨。』（東游紀念卷二當日日記）

七月二十三日，電復峴帥劉坤一，名册面呈，某某確係被誣。另繕長函，備述各事。

七月二十九日返回吴淞，即日往寧銷差。

壬寅季冬，服闋入覲，改官晉省，委辦機器、軍裝、火藥等局，兼總理營務處。

是年，大公報創刊於天津。

清光緒二十九年癸卯（一九〇三）　三十五歲

入晉撫趙爾巽幕，總司要政。因改分山西，先後任機器、軍械、火藥局，營務處總辦，學務處、巡警局督辦，師範警務學堂督理。歷張曉帆、丁振鐸兩撫，悉依如左右手。（人物志李宗棠）

癸卯五月，奏派督辦警務學堂，赴日本延聘教習并調查現行警務。

六月十七日，從天津大沽口外登高砂丸展輪，二十二日至馬關登岸，辦理一切延聘日本教習兼爲考察現行警務事宜。至九月初二日返程抵滬，此行共計七旬有餘。游覽所經，閲歷所得，隨時隨地，筆之於編。除將東京警務監獄學校規劃及巡查教習所章程譯出附録日記外，擬另行編譯警察書數種，以采訪東西洋法制，參酌我中國情形爲宗旨，姑俟異日再就正於有道。（參見東游紀念卷三九月初二日記）

年底，奉委兼任巡警總局督理。

清光緒三十年甲辰（一九〇四）　三十六歲

正月初四日，長孫秉新生。

二月，日俄戰爭爆發。

督辦晉省學務處，通檄各州縣勸游學事。

春，編譯東西洋教育史三卷，署名萬國教育源流考。

編譯日本學校章程一百三十六種及小學校新令付梓。

纂輯武備志略十二卷。

纂輯日語類纂前後編。以上四部專著，編後或付梓，均作題詠。（參見初編）

甲辰七月，奉晉撫張曉帆奏派赴日本商辦游學，並選派學生五十三名隨往，其中有山西五台縣人閻錫山，入東京振武學校（即日本士官學校預科）留學。

七月二十五日，聞日俄戰爭日軍連勝，東京、横濱等地舉行獎兵犒軍義勇忠愛祝捷各會，東京築凱旋門。入夜，則街市遍燃電光，非常熱鬧，一羣日本幼童狂呼：『遼陽爲我日本人占領了！』種種譏訕，令人忍辱難受。（參見東游紀念卷三）爲此感嘆，作七律一首：『滿城風雨競相誇，老幼扶攜笑語譁。旅順遼陽同奏凱，不知戰地是誰家？』（初編日俄戰事京濱等市有獎兵犒軍義勇忠愛祝捷各會東京築凱旋門感歎）

假座帝國酒店，爲晉省留學生創設同鄉會。『從此會盟植基礎，尚期君子訂良箴。』（初編假座帝國酒店爲晉省留學生創設同鄉會）

游朝鮮釜山、仁川、漢城等處，時朝鮮被日本占領已近十年。感慨作詩，其中曰：『穴處閭閻少，平原草木荒。市闤漸凋落，觸目客心傷。』（初編游朝鮮之釜山仁川漢城等處感歎二律之二）

清光緒三十一年乙巳（一九〇五）　三十七歲

乙巳春，創辦晉省師範學校，兼任督理。欣喜之餘感賦：『聖朝崇實學，大地慶多才。半載經營去，諸生踴躍來。明知難報稱，何敢故遲回。待聘高明者，予將脱蛑胎。』（初編乙巳春創辦晉省師範校兼任督理）

乙巳孟秋，再次奉晉撫張曉帆中丞之命，以山西省督辦學務處兼督辦師範、警務學堂之身份，護送游學官紳暨各學堂學生東渡並萌生退意，擬即乞骸歸江南。

山西留學生同鄉會開歡迎會於東京清風亭，挽其歸晉。

安徽留學生同鄉會開歡迎會。

八月，同盟會在日本東京成立，通過會章，並選舉孫中山爲總理。

九月，日俄戰爭結束，俄國戰敗。

乙巳秋九月，親送兒媳偕往東京留學。時兒子潤官正在東京留學。感賦一首：『曩時曾賦訓兒吟，願作吾兒座右箴。伉儷情深勵同學，文明進化慰親心。征人莫效臨涯歎，壯志休教半道沉。彈指光陰容易過，一身成敗在於今。』（初編 乙巳秋九親送兒媳偕往東京留學）

此次以江南吏隱、千倉舊主私人身份送兒媳東渡留學，九月十四日由蘇州啓程，至十月初四日返抵吳淞，離境往返不足二十天。形色匆匆，不忘考察日本要務。因譯日本銀行通行條例，全文附於東游紀念卷六送兒婦行日記後。

入晉三年，政績斐然。尤其於開教育之風氣，請准大府選派官紳游學，護送學生留學等方面最爲顯著。『晉省本極閉塞，經宗棠規劃，文化進步一日千里，至今以自治模範稱於全國。所出英才如閻錫山、崔廷獻、趙戴文等，皆所造就』（人物志 李宗棠）。

乙巳冬，改官江南。

是年冬，日本發生因政府藐視我留學生而引發的大規模罷課及留學生歸國事件。繼而爲爭取留學生權益，抗議日本政府歧視，湖南新化留日學生陳天華蹈海自殺，事件愈演愈烈。爲盡快平息事態，安徽、江蘇、江西三省分別公舉李宗棠、馬相伯、梅斐漪三人共赴日本勸導留學生。

冬十二月初四日，奉兩江總督周馥電令，三人速來滬上，面謁玉帥，會晤諸紳。因與日本留學界交情夙深，宗棠認爲此次公舉義不容辭，『要憑三寸舌，一一慰前程』（初編乙巳季冬皖紳公舉赴日本勸導留學生）。

十二月十四日，由吳淞口出行，一路輾轉，十九日到東京。連日招集皖省同鄉諸生，相與聚晤，桑麻話舊，杯酒言歡。只得聯之以情，未便繩之以法。團結之而後用聯絡，聯絡之而後施勸導。（參見東游紀念卷七）

十二月二十三日，出使日本公使楊樞上奏：『留日學生因反對文部省關於許清國人入學之公私立學校規程全體罷課，現已平静。已將爲首滋事之胡瑛、韓汝庚、吕復、田桐、宋教仁等十九名革退。』（鄒博主編清通鑑第六册第二五五三頁）

年底，安徽東京同鄉會設公宴於憶蒓園。

清光緒三十二年丙午（一九〇六） 三十八歲

丙午元旦，假東京清風亭開新年懇親會，遍邀三省學生，提創設兩江會館並附屬學校事，因賦詩一首，有句『故鄉父老如相問，惟有平安兩字傳』（初編丙午元旦假座清風亭開新年懇親會）。

赴日華學生會之約懇談。

元月十五日，返程抵滬。

稟陳督憲周馥勸導日本留學生情形。查皖生原有二百三十餘人，官費散見於各省所派，本省最少，地方公費只四十名，私費居其多數，此次歸國約五十六人，現在留學僅一百六七十人。據稱，皖生安分守己，共見共聞。值風潮最劇時，附和停課不過數人，係新到之自費生，早已返里。其稍知自愛者，或守中立，或圖暫避，皆未嘗有挺身直犯學堂及公使情事。（參見東游紀念卷七丙午元月十五日日記）

二月初一日，出使日本公使楊樞上奏：東洋留學生多至八千餘人，挾利禄功名之見而來，務爲苟且，取一知半解而去，無補文明，請飭嚴定選派學生出洋留學章程。下學部議。（鄒博主編清通鑑第六册第二五五五頁）

丙午四月，奉兩江總督周馥委派，赴皖省調查全皖學務。

查學過潁，就家祠創設千倉第一義塾兩等小學。有感而賦：『遺訓煌煌在簡編，漫將祖德不流傳。今將先業承先志，豈爲沽名創義捐？』自注：『乙未（一八九五）重修家祠，先君捐田千畝，專辦義塾，今始舉辦，已恨遲遲。』（初編查學過潁就家祠創設千倉第一義塾）

丙午仲冬，奉兩江總督端方、安徽巡撫恩銘之命赴日本、朝鮮勸募皖北義賑。

丙午除夕，由馬關乘壹岐丸輪，次早即丁未元旦入朝鮮釜山口换船，至草梁驛附汽車赴漢城。

清光緒三十三年丁未（一九〇七）　三十九歲

丁未元旦至漢城。因賦：『適逢新歲夜行客，我爲蒼生請命人。釜港草梁太淒寂，晚來始見漢城春。』（初編丙午除夕由馬關乘壹岐丸次早即丁未元旦入釜山口换船至草梁驛附汽車赴漢城道中度歲）

元月初三日至仁川。各商幫到者六七十人。演説吾國天災流行，時事日岌，以期激發衆商祖國思想。感嘆此間商力甚微，難望籌集巨款。

『元月十一日，接楊公使處轉來午帥（端方）電，開函悉新帥（恩銘）忽有電，不願收受洋賑。接電頗費躊躇。此次勸募義捐，悉憑個人交誼，與國際無甚關涉，何新帥之拘謹若是？日商十萬，已有成議，零捐不在此數。皖撫堅卻，余固未便强收。其已交來之五萬八千元，按户退還。零捐户數太多，斷無退理。』（東游紀念卷八丁未元月十一日日記）因賦律一首：『故鄉饑饉事堪哀，王事馳驅今又來。祖國生靈誰共拯，華僑慈善素交推。緣何不受鄰邦惠，惟願多輸府庫財。桑梓相關情義迫，長途豈敢少遲回？』（初編丙午仲冬奉大府命赴日本朝鮮勸募皖北義賑）

丁未四月，奉兩江總督端方奏派，總理江南銅冶山礦務。因賦：『盛朝不設冶銅官，强執監司一例看。果似昆吾多丹石，何妨小試作商盤。』（初編丁未四月奉江督奏派總理江南銅冶山鑛務）

五月二十六日，光復會員徐錫麟率巡警學堂學生數十人在安慶舉義，擊殺安徽巡撫恩銘。徐錫麟被擒遇害。

九月，安徽紳界代表李宗棠等呈請外務部堅持廢除銅冶山礦約（文史春秋國内外要聞一九〇七年九月）。

十一月初一日，朝廷派貴胄游學英、美、德三國，肄習陸軍、政治、法律，並奏准貴胄游學章程。

清光緒三十四年戊申（一九〇八）　四十歲

戊申春初赴日本視察礦業。此行自正月十二日由金陵乘大通船起行，至二月十四日返程抵滬，歷時一個月，目的是考察日本礦業，俟歸國後再議銅冶山礦務進行辦法。

『正月十九日，視察古河石炭礦，行至二十餘丈，余忽失足跌倒，伏坐枕木上，脚骨折斷。衆勸歸，思遠涉重洋，所爲何事？若果從此殘廢，將終身不能開此眼界，豈不徒負此行？寧忍痛二三時，絶不半途而返』（東游紀念卷九光緒戊申正月十九日日記）。幸有按摩師及時調治，一晝夜即告痊愈，因詩記之：『人言无妄亦天災，折足難誇問世才。卻喜按摩來伴宿，回春妙手迅如雷。』（初編視察古河石炭礦後足筋折傷一晝夜即告痊可歎可笑）

視察礦業，多次入坑出坑，十分辛苦，然『山徑崎嶇如世路，願君聽我放狂歌』（初編東京古河鑛業會社社長中島男爵久萬吉派員陪往足尾視察銅鑛過日光約三十餘里沿途另派社員招待備酒食山中向多雨雪道路滑沓峯嶺崎嶇乘籃輿至枥木平换坐鐵道馬車抵足尾道中所見書懷）。又吟坑中作：『不識天堂路，誰知地獄門。荒山開別徑，寶藏抉靈根。深似桃潭水，遥探玉洞痕。坑中升降處，咫尺小乾坤。』（初編）

視察日本礦業結束，共翻譯礦物土石類解説書、礦夫監督法、足尾礦業所事務章程、礦業法摘録等四部專著，以備參考（參見東游紀念卷九、卷十）。

戊申二月，奉軍督命督辦萬頃湖屯墾局。萬頃湖地屬皖省，奏派大員督辦，委當塗、蕪湖兩縣令充提調，爲官辦，非紳辦。

四月初四日，滬寧汽車初開，偕友人乘車至下蜀，入山養疴。時在銅冶山辦礦，因赴日本調查礦山折足，兼感風寒，臥病未愈。

五月初十日，作四十初度述懷：『偶落塵寰四十春，曾經世運幾番新。天涯走險心猶壯，上國觀光志未伸。只爲功名爭氣節，翻從閲歷長精神。今朝管領湖山日，轉眼湖山讓與人。』自注：『九涉東瀛，遍歷諸險。六試春明，屢薦不售。時辦萬頃湖及銅冶山墾礦兩事差使，本如傳舍，久有退志，故出此語。』（初編）

八月，客蕪湖鳩江。不惑之年，回首往事，感觸良多。『惟我不才生晚近，依人作嫁總無成。』（初編秋夜旅懷其三）

九月初九日，偕劍華道人游金山，次日復冒風雨游焦山。

被舉爲全皖教育總會會長。

冬十月，光緒皇帝、慈禧太后先後駕崩。溥儀即位，改元宣統。

清宣統元年己酉（一九〇九） 四十一歲

己酉春初，創設千倉師範學校於金陵。先是壬寅（一九〇二）擬建江皖師範校於滬上，江督劉坤一極贊賞並允補助，爲皖撫恩銘所阻，並痛訾辦學之非，直指學堂爲造就革命之地，劉坤一亦動容，事遂止。然近年朝廷屢頒明詔，勸各省速速興學。於是遂決意此次興學，不乞官款，不集義金，破産捐資，獨力倡辦，雖艱窘已極而事成。（參見初編己酉春初創設千倉師範學校於金陵因述往事紀懷李宗棠自注）

五月初八日，兩江總督端方奏爲皖紳李宗棠捐辦千倉師範學校懇飭部立案折（臺北故宮博物院圖書文獻處軍機處檔折件）。

金陵師範開校，潁人來學頗衆，喜而書曰：『卻說蓬門爲爾開，翩翩多自遠方來。蓴鱸豈不思鄉味，鄉梓何嘗有棄才？』（初編 師範開校潁人來學頗衆喜而書此）又誡諸弟子詩云：『能奉師儒遵訓誥，莫忘君父厚栽培。要知三育先崇德，忠愛方爲純正才。』（初編 誡諸弟子）

五月初十日，四十一歲生日。自嘆薄宦無樂趣，壯志何時獲展伸。世間有酒能延壽，我輩稱觴愛賭詩。留連於詩酒之中，不能自拔。

六月，停辦銅冶山礦務。前有胡方伯倡議開江南礦，因款絀停止。現既不能預籌的款，不如早停。（參見初編 請停辦銅冶山鑛務感言李宗棠自注）

秋，作留別銅冶山感言：『來時榛莽塞征途，野寺殘燈酒一壺。此別明年何所似，繁華轉眼即虛無。』自注：擬從石家村接鐵道，礦夫日多，漸成小市。購山下地二十餘畝，建樓房作公所。』（初編）

冬月，請裁萬頃湖屯墾局歸併皖南道，『交地方官兼轄名正言順』（參見初編 請裁萬頃湖屯墾局歸併皖南道）。

十二月三十日，分贈四株櫻花樹移種洪君處，作予從日本攜歸櫻花百餘株親朋爭取概未割愛洪君至契春初即欲移種時候不宜今值歲除分贈四株賦此索和，並注：洪君曾隨使日本，亦喜櫻花（初編）。

年底，清政府令准外務部以五萬二千鎊向英商贖回安徽銅官山礦地（參見鄒博主編 清通鑑 第六册第二六一九頁）。

清宣統二年庚戌（一九一〇）　四十二歲

庚戌春，兒子潤官留日歸來，赴京師大學堂就讀。臨行賦詩，以示誡勉：『長安此去緣何事？莫負犂牛一片情。』（初編庚戌春和兒赴京師大學臨行賦詩以示誡勉）

四月二十六日，南洋大臣、兩江總督張人駿奏爲皖紳李宗棠捐款興學請移獎由（軍機處檔折件）。

孟夏，兩江總督張人駿莅臨兩江師範學校視察，與李學使諸人同觀六朝松。

五月初十日，四十二歲生日，爲妻四旬再疊前韻，對未來天倫之樂充滿想往。其第二首云：『記得當年合巹時，郎君兩鬢插金枝。齊眉早已傳佳話，偕老而今若預知。兒女捧觴孫酌酒，弟兄作樂我吟詩。七旬再慶團圓日，五世同堂尚不遲。』（初編四十二歲生日爲内子四旬再疊前韻其二）

夏六月，避暑神户諏訪山，酷熱不能治事，無暇吟詩。因校務繫諸懷，匆匆内渡。

孟秋，次女直子病卒，賦詩記之。

決意棄官治學，並以詩示校中諸弟子。

纂輯光緒徵要録十六卷、光緒乙未後奏議類編六十四卷，兩書内容均起乙未，訖庚戌。因題詠曰：『縱觀時變有由來，國禍方興黨禍開。試看漢廷誰作俑，可憐商女不知哀。删書斷自唐虞世，修史原無班馬才。聊備東華徵實録，裨諶草創待鴻裁。』（初編）

東游紀念九卷付梓題詠：『草編不必細論文，十稔匆匆述舊聞。視學觀兵專紀載，酬詩題畫各區分。深山採石曾行險，同學登瀛更樂羣。踏遍蓬萊山下路，果然消散似浮雲。』（初編）

八月，移遷新居於金陵鷄鳴寺畔，遥對鐘山，勝景盡收眼底，因詩記之。自注：築五層樓，縻七千金，延八個月始得工成，仲秋移居。

庚戌冬，師範簡易班學生畢業。

是年冬，因纂輯五經經解，卷帙繁多，先將詩經二十卷付梓，署曰學詩堂經解，因題詠曰：『學詩遠法有周人，訓詁方知典制眞。三史階梯從此始，二南音譜更翻新。譏彈偶爾因時發，比興無非按事陳。三頌獨編風雅後，主文譎諫具精神。』（初編）

清宣統三年辛亥（一九一一）　四十三歲

辛亥二月，歸潁。作辛亥二月歸潁陳生睡怡賦詩送別即答元韻五首，並注：『此次歸里，擬將履勘學區，預備推廣義塾，並爲整理農圃，預備安頓眷屬，俟有頭緒，即可遣歸。予將隻身作客，官耶！隱耶！尚不敢自決耳』。（參見初編）

嗣後，時局多故，事與願違，遂絶意仕進，肆辦興學（人物志李宗棠）。

一路經臨淮、懷遠、壽州、正陽、八里垛、劉家集、姜口集，抵千倉灣，歸里自嘆，感慨良多。『年年惆悵歸田事，富貴浮生夢裏過。』『三年廣布文明種，潁水須爭一著先。』『推廣鄉學，三年以後必有可觀。一府推廣七屬，一人私立二十處，他府尚未聞有舉辦者。』（以上均參見初編歸里自歎）丙午設第一塾，丁未設第二塾，均在永興集；王尹莊設第三塾，洄溜集設第四塾，梓樹莊設第五塾（是莊在永興集河東，桃樹極多），姜口集設第六塾，劉家集設第七塾，八里垛設第八塾，均在辛亥年。每設一塾，均與當地董事磋商，事頗順利，詩必記之。其中一首云：『鄉曲歡迎新教育，農家也有好兒郎。野蠻化作文明種，可勝千

倉與萬箱。』（初編王尹莊設第三義塾）

回潁城鄉奔走，拜晤阜陽縣令胡君菊生並贈詩。

旋又拜晤阜陽舊令王君鑄九並贈詩。

又拜晤潁州太守長紹，太守枉顧索詩，倚裝報命。

春三月，歸甫旬日，諸事均未就緒，忽接某銀行電促回寧，悵然有感：『江南傳説大官荒，又值錢荒與歲荒。惆悵歸山山未買，從容繫馬馬偏忙。征衫脱去衫猶濕，警電傳來電更長。市儈饑民與俗吏，一齊顛倒是非場。』自注：上年裁撤局所四十餘處。皖水奇災，江南錢市風潮迭起，某銀行傾倒，關係甚鉅。到家城鄉奔走，尚未住定。（初編歸甫旬日諸事均未就緒忽接某銀行電促回寧悵然有感）

歸寧途中，目覩正陽以下臨淮以上情形：『洪水滔滔五百里，饑民嗷嗷億千人。可憐兩岸無青草，只見浮萍裹赤身。桑野變爲滄海地，波臣掃盡菜花春。今朝蚌浦橋成日，個個傾家怨鬼神。』（初編正陽以下臨淮以上目覩情形）

再即途中所見，步陳生睡怡元韻：『馬足車塵到處驚，未聞兩岸犬鷄鳴。哀鴻徧野無生氣，鬼卒催租有厲聲。觸目皆來爭乞食，有田那得去歸耕。流民不見眞天子，誰爲農家訴苦情。』（初編再即途中所見步元韻）

三月末在寧，呈請江都特派大員查災補賑並勘鐵路。

四月，江都委吳鑑泉觀察查災勘路，以詩贈別：『煌煌使臣將王命，萬家生佛在君身。春風吹到無情水，伊尹原爲拯溺人。試看長淮兩岸闊，都因鐵軌一時新。良醫標本須兼治，莫厭連篇累牘陳。』（初編督委吳鑑泉觀察查災勘路贈別）

粤亂皖災，種種變象皆亂機之所伏，不堪設想。日以校書爲事，近來手批十七史，略有發揮。

託陳睡怡送眷歸潁。

潤官暑假由京歸潁。

五月初十日，四十三歲生日，作四十三歲生日再疊前韻二首，並注：『不辦學不致窮，如果早遣家屬歸里亦不致窮。今頗窘迫，遂定遣眷歸田之計。』（初編）

偕同人游莫愁湖。

夏仲，學詩堂注解二十卷付梓。

夏六月，天氣炎熱，唱和頗多。

購合肥李鴻章河廳作藏書樓，題曰『千倉水榭』。廳在鈔庫街文德橋得月臺畔。

潤官由潁來寧，即日挈眷入都就學，别後寄詩二十首以示警，録十二首即作遺囑。自注：『近數年來，予捐金輸産，孳孳興學，自慚薄德，雖有教育知識及其思想，未必果有教育學問及其能力。何敢沽名，聊以寄志而已。』（初編潤兒暑假由京歸潁今復由潁來寧即日挈眷入都就學别後寄詩二十首以示警録十二首即作遺囑）

赴武昌謁匋齋尚書端方，作武昌謁匋齋尚書留飲即事二首，並注：『公曾督兩湖，予亦曾官鄂北，同是舊游之地。公曾籌捐修復焦山松寥閣，今來面商，欲借暫住，容再另築隱舍。既蒙慨允，並許以自置地面，分贈若干畝作園基。』又注：『今借屋，復贈地，爲予築室隱居。予欲死後葬於焦山，預爲聲明，就此園基。』（初編）

是月，編訂從政芻言二十四卷，起戊子，訖辛亥，題詠曰：『二十四年新歷史，一年一卷大文章。』（初編編訂從政芻言二十四卷題詠）

編訂千倉師範講義十四種三十二册。

纂輯新學論説十六卷。

纂輯時事紀聞十八卷，起甲午，訖辛亥，題詠曰：『怪怪奇奇十八年，人情竟與世風遷。强鄰蠶食憂方亟，新學萌芽禍已延。滄海波濤終不息，歲時饑饉更相連。生當近晚誠多事，載筆原爲野史傳。』（初編纂輯時事紀聞十八卷題詠）

閏六月歸潁，推廣小學，擬於暑後開始。

七月初六日，招集師範諸生十六弟子，推廣千倉義塾，因賦『滿腔熱血聯同志，一片婆心勸讀書』（初編招集師範諸生推廣千倉義塾孟秋六日到齊雨中宴飲）。

七月初七日，歸里大興集，宿舟中，七夕送諸生行。

王文周畢業歸里，自設義塾於廟臺集，乞作附庸，特來面謁，欣然許之。

是月，八所義塾相繼開班上課。

居潁日，生活一時拮据，南米食盡，强食豆粥，因賦：『半生嗜好慣蠻方，不識農家刈麥場。老大歸來貪酒肉，兒孫生長盡膏粱。故鄉偶嚼蔬羹飯，涼夜新炊豆粥湯。魯叟在陳我在潁，絶糧風味竟同嘗。』

（初編南米食盡强食豆粥）

歸寧，留别千倉義塾，因賦：『桃李新栽滿故鄉，春風時雨費商量。三年期月存奢望，萬户千童讀憲章。臨去秋波隨月轉，醒來春夢爲人忙。願將祖業興文教，那惜千倉與萬倉。』（初編留别千倉義塾）

八月二十日，聞鄂川告警電。

八月二十六日，避走海上，留别千倉山館。因賦：『招隱三年隱未成，四方風動演刀兵。亂邦託迹終非計，陋巷深藏枉受驚。但是有家歸不得，可憐何處去偷生。飄然引出臺城外，海闊天空任遠行。』

（初編八月二十六日避走海上留别千倉山館）

長女珊子肄業，師範五年，避亂不能畢業。

辛亥九月，避亂滬上，設漢學館授徒。

南京軍亂既定，臨時政府已成，總統都督發布命令，保護人民財産。冬十一月，第三師團炮兵第三聯隊隊長鄧翊華率隊占據千倉山館，因索鑰匙不得，欲槍斃守門人魏錦富。迨入室後，將層樓什物移植顛倒，盜賣者亦不少。

十月十日，武昌起義，辛亥革命爆發。

一九二二年　四十四歲

元旦，居滬上，某生貽書敦勸出山，婉辭卻之。

聞北伐隊女子軍劉慧瑛部占據金陵千倉水榭。

學禪學佛，釋裝静養。

二月，汪瞿戡京卿從粵西歸往金陵訪李宗棠於臺城，始知其避亂來滬。晤對情深，詩以紀懷。

三月，偶於行篋中檢得相片六葉，服裝不同，境界各異，可見近十年之變遷。因將各配一鏡，分簽標注儒服時代、官服時代、游學時代、從戎時代、新軍改制時代、亂世逃禪時代。題詩六句：『書生有本色，服官廿四年。蓬萊築别墅，燕趙著戎鞭。按劍觀時變，更衣學老禪。』（參見初編）

四月十三日，金陵千倉山館被陸軍第三師團炮兵第三聯隊鄧翊華率隊占據，館中器具久假不歸，舊存書籍字畫及編纂稿册别儲一室，忽於新曆當日焚毁一空。李宗棠聞之不禁有感：『林園轉眼化邱墟，悔向名山卜隱居。萬卷文章遭劫燼，半生心血盡焚如。誰云身外無長物，只怪閒來愛著書。回首臺城空悵望，不知何處是吾廬。』自注：『宋元板書籍字畫，世間固不多見。手批殿版十七史、分編五經經解，著作精華，盡在於此。其他雜纂十數種草稿悉數付炬。』（參見初編）

五月初十日，四十四歲生日，詩云：『紅顔未老鬢先白，半百光陰欠六春。』（初編四十四歲生日再疊前韻）

五月十一日，由滬起程回潁。

到家半月，暑疫交侵，急急束裝東下。

夏六月，走隱惠泉山，蚊蟲潮濕，不可以居，仍往滬上避暑，設館授徒。

九秋歸里，迎季弟及長女。

千倉各塾去年遭兵亂解散後，至今未能恢復，擬先辦一初復小學校。因賦：『千倉桃李盡凋殘，熱血成冰骨肉寒。聾聵有時能振發，詩書何罪受欺謾。欷歔世變終無補，收拾門牆且壯觀。忠告吾鄉賢父老，莫因亡國竟偷安。』（初編擬設初復小學校）

十月，返滬途中過正陽，移居小普陀。

賀九叔五十九歲生日，唱和甚多。

祖遺財産爲弟子輩分析，感慨良多，『處兹亂世，義田義塾寄託無人，暫將分給弟子輩，各保其私。俟國是大定後，有正當之教育，再爲集貲合辦，亦頗易易。但恐江河日下，政俗日乖，設學誤人，非吾志也。先君捐入祠堂十頃，專辦義塾。現既不能興學，亟宜別籌善舉，萬不可收回管業，自益私囊，須知子孫飽煖過甚，貽害匪淺。』（初編祖遺財産爲弟子輩分析感歎李宗棠自注）

日與酒伴，深居簡出。

十一月，舊作草稿焚毁於金陵千倉山館，十居其九。近憶舊作，隨手録存，合近作共得四百三十四首，録畢自題：『懶作新詩寫舊詩，詩中優劣寸心知。抒情慨俗多憂憤，詠物書懷盡笑嬉。醉後狂吟無老伴，生前傲骨誤清時。世人儻識髯翁意，再獻陽春唱和詞。』（參見初編）

十二月，千倉詩史初編付梓。

一九一三年　四十五歲

初夏回潁。

不久，移居滬上，設館授徒，爲國人教日語，爲日僑教中文（潁上縣志人物）。

授民國政事堂存記道尹，特令發交直隸任用（潁州李氏宗譜卷三）。

中秋歸里，扶持義塾。

一九一四年　四十六歲

孟春回潁。

居滬上，設館授徒，詩酒往來。

一九一五年　四十七歲

居滬上，設館授徒。

充直隸將軍行署咨議官，不赴任。

孟夏歸里。

一九一六年　四十八歲

居滬上，設館授徒。

孟冬返潁。自歸隱後，思鄉之情日重，或春或秋，不計冬夏，往返於滬、寧、潁之間。

一九一七年　四十九歲

由滬移寧，追尋千倉山館舊蹤。仙風道骨，羽扇綸巾，酬唱應答。

一九一八年　五十歲

居寧。

五月初十日，回潁州。五十歲生日感懷。

任安徽省立第五師範即鳳陽師範學校校長。曾作楹聯懸挂於該校大禮堂楹柱上，聯文是：『廣廈萬間，樂得人才宏教育；長淮千里，但憑時勢造英雄。』（潁州李氏宗譜卷五）

一九一九年　五十一歲

居寧。往來於津、京、寧、滬間。

一九二〇年　五十二歲

居寧，平時以詩酒琴書自娛。

孟秋，回潁州。

一九二一年　五十三歲

往來於寧、潁之間。

二三月間歸里，操辦義塾事宜。

一九二二年　五十四歲

仲秋，最后一次回潁談事省親。

一九二三年　五十五歲

因勞致疾，突發病症，卒於南京（人物志李宗棠）。

子潤官撰顯考蔭柏府君行狀。

李宗棠旅日行狀

李興武

一八九四年甲午戰争以後，日本以蕞爾小國一躍而成爲亞洲霸主。清王朝在經歷了幾乎覆國的巨創之後，面對現實，舉國反思。自此，從六七世紀以來就形成并延續一千多年的日本派遣唐使來中國學習的風尚爲之逆轉，變爲中國朝野大批有識之士和學子趨之若鶩，赴日考察學習。在十九世紀最後十年考察日本的大潮中，晚清著名教育家、阜陽縣永興集（今潁上縣新集鎮）人李宗棠，連續九次東渡日本。

李宗棠何許人也？是皇命催促，還是身負重託，抑或是公私家事，令他如走馬燈般長年奔波於中日之間，其中有哪些鮮爲人知的經歷呢？

一、生平簡介

李宗棠（一八六九—一九二三）字蔭伯，號少麟，别署千倉舊主、千倉髯隱、千倉醉翁。曾祖廷干，邑庠生。祖蕚聯，來安教諭。父玉方，字静夫，號麟生，文童出身，以軍功保舉江蘇布政司庫大使，歷任江蘇金壇、吴江、震澤知縣，有政聲。宗棠兄弟四人，蔭伯爲長，次壽翔，三壽翥，四壽耆。李氏爲潁州望族，家境殷實，富甲一方，有族田八千畝，分布於阜陽、潁上兩縣境内。

李宗棠少年穎悟，精通經籍，及長，博聞强識，達當世務。因隨父宦蘇，未得與童子試。年二十，納貲爲郎，分户部，尚書翁同龢深器之，派充四川清吏司幫稿。宗棠知清政日窳，非大革故不能圖存，因陳富强三十六策，初設憲法院，終保國權以伸民權，救時要政，由翁同龢代奏，惜未被政府採納。光緒二十年（一八九四），甲午中日開戰，宗棠血氣方剛，自動請纓，投效前敵，不果；翁同龢將他招入督辦軍務處，并奉旨前往山海關密查軍隊集結情況，往天津迎謁欽差劉坤一統帥前敵。光緒二十二年，丁母憂，回蘇守制，兩江總督張之洞與雅故，爲條陳十事，切中要害，張督竊喜，留之幕府，辦籌防局。服闋後，以道員分發湖北，歷充鐵政、洋務等局差，鋭意整頓，成效卓著，保二品頂戴按察使銜。光緒二十六年，義和團運動興起，時局驟變，宗棠奉江、鄂二督密令赴滬，參與商議保護長江條約，即江南互保運動。旋丁外艱。光緒二十七年，奉安徽巡撫王之春檄，赴日本考察學務，著東游日記，又上十策圖富强，伸民權，不報。光緒二十九年，入晉撫趙爾巽幕，總司要政。改發山西，繼任張曾敭尤重宗棠才，先後檄辦機器、軍械、火藥局，總理營務處巡警局，督辦學務處，督理師範學校、警務學堂等新政。宗棠在創製警察學校規章時，再赴日本考察。歷趙、張、丁（振鐸）三撫，悉依如左右手。積極策劃選派官紳留學。山西本極閉塞，經宗棠規劃，文化進步一日千里，選派學生東游者，所出英才如閻錫山、崔廷獻、趙戴文等。迭保海關道，記名提學使。光緒三十一年，江督周馥奏調宗棠，端方奏派觀操日本，并保以使才存記。於時清政日益不綱，朝野皆知變法爲急務，然治法者必有治人，科舉廢而學校興，學校之所成者，國家急需之人才。宗棠既知國之存亡繫於學，乃決然辭官而興學。光緒三十二年，在赴皖調查全省學務過潁途中，先創千倉小學第一、第二義塾於永興集，後又連創六所義塾於阜陽各地；宣統元年（一九〇九）復創千倉師範於南京鷄鳴寺。且此次興學，不乞官款，不集義金，破産捐資，獨力倡辦，雖艱窘已極而事成。該年十月二十二日，安徽教育總會在懷寧縣召開秋季大會，李宗棠當選爲會長。辛亥革命後，任安徽省立第五師範（即鳳陽師範學校）校長，二年後辭去。一九二三年，李宗棠病逝於南京，享年五十五歲。

二、九渡東瀛

光緒二十七年（一九〇一）秋八月，三十一歲的李宗棠以安徽特派官二品頂戴按察使銜湖北候補道，奉安徽巡撫王之春之命，游歷日本，考查學務。經過甲午戰争的洗禮，李宗棠對日本抱有一種十分複雜的心情，爲此賦長調曰：『怪哉蕞爾國，一躍登文明。嗚呼我神州，滓穢乎太清。』（千倉詩史初編辛丑秋奉皖省大府命考察日本學務）感嘆清朝物敝國凋，羡慕日本維新昌盛。在此後四個多月時間裏，李宗棠在東京各地參觀學校數十處，演速記法，作旁聽生，譯教育史而彙輯之，訪教育家而就正之。『竟日奔馳，深宵編纂』，取得豐碩的考察成果：於學務，編輯日本學校章程一百三十六種，另編譯萬國教育源流考六卷；於海陸軍，著有東海觀兵記；於製造工廠，譯有炮兵工廠述略、日本造幣規則、海軍造船大要等類。最重要的是，通過深入日本各界，廣泛考察了日本社會快速發展的狀況，并力圖探究明治維新以來日本崛起之内因。

光緒二十八年（一九〇二）秋七月，奉兩江總督劉坤一密札，李宗棠以江南特派委員湖北候補道身份，再次赴日，查辦所謂留學生滋擾清國駐日使館事件。事件緣自自費留學生吴稚暉等九人申請入日本士官學校預科成城學校不遂而引發，清駐日公使蔡鈞不作爲，顢頇了事，學生一再催辦，蔡竟招日本警察將吳、孫兩名學生逮捕并遣返回國，引發衆怒，多次到使館交涉。由於在日留學生多爲蘇、皖、浙、鄂人，而吳稚暉係江蘇武進人，作爲兩江總督的劉坤一更爲關注。李宗棠不辱使命，赴日當天就與日本各界和留學生代表廣泛接觸，持公論，不徇私情，不僅查明了真相，還吳稚暉等人一個公道，而且與日方達成了『放寬學生保證』這一規定，中國公使館任命一名官員擔任學生監督。不久，蔡鈞被撤換，吳稚暉等九名學生入成城學校就讀。

光緒二十九年（一九〇三）夏六月，爲考察警政，李宗棠第三次踏上東渡之旅，赴日本延聘教習并考察現行警務。在七十多天的考察過程中，李宗棠從考察室内警務入手，全方位了解了日本的警察法規、警務制度、學校章程及監獄規則等，翻譯出巡查教習所章程、警務監獄學校規則等警務書籍。他還十分注意觀察日本的室外警務，包括車站、碼頭、廣場、社區、道路、交通、郊區、野外等，凡涉警涉法之處，無不仔細觀察，記録於簿。與此同時，經過多次協商談判，李宗棠代表山西巡撫部院與東京警視廳訂立合同，選派警務正副教司各一員，赴山西警務學校任教，任期兩年，圓滿完成了此次東游任務。值得一提的是，在這次東游過程中，李宗棠以國際視野，密切關注遠東時局的發展。他在當年八月一日的日記中『密查』日俄水師現時實在船數，根據日本海軍省的資料，製作了日俄水師對照一覽表，將艦種、艦名、艦長姓名、艦速等列表對照，一目了然。時間僅僅過去了六個月，到一九〇四年二月，在中國東北的土地上便爆發了日俄戰争，俄國先敗海戰，又敗陸戰，日本一舉從俄國人手中搶占了遠東地區的控制權，李宗棠的擔心和預測，變成了殘酷的現實。

光緒三十年（一九〇四）夏六月和光緒三十一年（一九〇五）秋七月、秋九月，李宗棠以山西省特派委員督辦學務處、兼督辦師範學堂、警務學堂之職，并以江南吏隱、千倉舊主的身份，第四、五、六次赴日，商辦晉省游學，護送游學官紳學生。其中，有兩件事值得一提：一是當年七月選派五十三名學生赴日留學，其中就有山西五臺縣人閻錫山，入東京振武學校（日本士官學校預科）學習；二是在當年七月二十五日的日記中記載了日本東京爲慶祝日俄戰爭日軍連勝而舉行狂歡和慶祝的場面。一羣日本幼童狂呼『遼陽爲我日本人占領了』，『種種譏訕，令人忍辱難受』。爲此感嘆，作七律一首：『滿城風雨競相誇，老幼扶攜笑語譁。旅順遼陽同奏凱，不知戰地是誰家？』（千倉詩史初編日俄戰事京濱等市有獎兵犒軍義勇忠愛祝捷各會東京築凱旋門感歎）表達在異國他鄉身心受辱的沉重感受。

光緒三十一年（一九〇五）冬十二月，受兩江總督周馥委派，李宗棠以江南特派委員二品頂戴按察使銜、江蘇候補道身份，率參隨各員四十六人，第七次踏上日本領土，調查處理留學生退學歸國的風波。此次風波，由日本文部省頒布『取締清韓留日學生規則』引起，其中第九、第十條規定有辱我留學生國格和人格，表面爲監督、管束留學生，實係日本政府應清廷之請，爲壓制留學生之革命運動而發，因而遭到絕大多數留學生强烈反對，以致於湖南新化留學生、猛回頭、警世鐘的作者陳天華憤而投海，以死相殉，時年三十歲。因爲這件事，中國近代史上許多名人紛紛登臺亮相，如汪精衛，時名汪兆銘，留學日本，任維持學界同志會書記官；許壽裳，同上；秋瑾，當時就讀於東京實踐女學校，被推舉爲停課學生代表，多次發表演説，痛陳愛國之心；楊度，時任留學生總會館干事，聯絡各校停課代表與駐日公使館交涉，敦促日本立即取消規則。在近一個月調查處理此次學潮過程中，李宗棠除與以上各學生代表密切接觸外，『連日招集吾皖同鄉諸生，相與聚晤，桑麻話舊，杯酒言歡。祇得聯之以情，未便繩之以法，團結之而後連絡，聯絡之而後施勸導。』（參見東游紀念卷七勸導留學生日記稟陳督憲勸導日本留學生情形由）以情爲重，引導學生們的愛國熱情，逐步使學潮得以平息。據李宗棠日記記載，當時全國留日學生總數八千多人，其中皖省二百三十餘人，因學潮歸國五十六人，繼續留日還約一百七八十人。

光緒三十二年（一九〇六）冬十二月和光緒三十四年（一九〇八）春正月，受兩江總督端方、安徽巡撫恩銘札派，李宗棠以江南省特派委員、安徽教育總會副會長和奏派總理江南銅官山礦務江蘇候補道之職，第八、第九次赴日，爲皖北水災勸募義賑，救家鄉父老於水火之中；并自備資斧，考察日本礦務，俟歸國後再議銅官山礦務進行辦法。

縱觀李宗棠九次赴日經歷，有五次是專門爲考察學務及處理留學事務而來，他在日記中所記載的內容均涉及中國近代史上較爲重大的事件，他的親歷親爲爲近代中國留學史留下了濃墨重彩的篇章，他不僅是一位杰出的教育家，而且也是一位杰出的外交家和社會活動家。

三、旅日奇遇和外交建樹

作爲二十世紀最初十年（一九〇一——一九一〇）中日外交舞臺上最活躍的人物之一，李宗棠生逢其時，當之無愧地承擔了省際間開創中日邦交的先行者。他先後供職山西、安徽、江南、江蘇、浙江等省，官居候補道臺，享受一品封典，長期從事教育、警務、外事等熱點工作，多次奉命出使日本，考察學務、礦務、護送官紳學生游學、處理學潮學案、維護學生權益，并將勸募賑皖的愛心之舉延至日本、朝鮮各地，産生廣泛影響，其外交建樹，頗受時人稱道。在將近十年的外交生涯中，李宗棠九次旅日，并以常人之心態，體驗其中之甘苦。其旅日奇遇和外交建樹，撮其要者如下：

（一）遭遇地震

李宗棠九次旅日，三次遭遇地震。其中，光緒辛丑年（一九〇〇）十月第一次赴日，從十一月初七日到十二月二十九日，在將近兩個月的時間内，日本東京就連續發生了八次地震。遭遇第一次地震，李宗棠有較爲詳細的記録，從『地震有聲、寢席動蕩』的情況分析，這次地震約在五級左右。而且日本人對此習以爲常，認爲是『火山拽力所致，并非災異，此間恆見』。可見日本的確是一個多震的國度，民衆的地震觀念業已形成。但火災伴隨着地震，常有發生，即便在當時的日本也是如此。地震過後，李宗棠即以詩記之，其地震詩曰：『忽聽山頽海嘯聲，彼蒼故作不平鳴。迅雷掩耳猶堪避，捲地埋身不再生。習俗相傳巖火洩，深宵疑是玉樓傾。祝融税駕昭靈驗，牛込神田兩處驚。』（千倉詩史初編）

日本是一個島國，地震常伴有風雨海嘯。李宗棠第三次赴日，就遇到了此景。他在光緒癸卯年（一九〇三）八月初三的日記中記載：『午前暴雨，午後狂風。鐵道、電報、電話皆不能通。據言：昨年八月，風雨與今相似，國府津罹海嘯災。大約每年秋初，總有暴風雨一二次云。』五天後的八月初八日：

『陰雨，狂風大作，屋宇震摇。』可見，當年日本地震引發的風雨海嘯，使得交通、通訊嚴重受阻，每年因此造成的損失不可勝記。（東游紀念卷三當日日記）

（二）體驗歧視

十九世紀末二十世紀初，中國一敗於西方列强，再敗於東洋日本，國力孱弱，國勢不舉，國人受辱，租界門口一塊『華人與狗不得入内』的牌子，不知傷害了多少中國人，『東亞病夫』成爲國人心頭揮之不去的陰雲。李宗棠赴日期間，也飽嘗了外國人的歧視和淩辱，其中辛酸，多有體驗。

光緒三十一年（一九〇五）秋九月，李宗棠親送和兒夫婦赴東留學，返程途中乘坐德國公司客輪，客滿人擠。晚餐時，看到衆多西方女人穿戴時尚，珠光寶氣，盛氣淩人，不僅感慨萬千，『憶昔乘法公司船，遥望中間坐，皆短衣秃頭，西人固居多數，東人亦復不少，卻無著和服者。而惟我長袍大袖拖辮者叨陪末座，深覺赧然。法國少婦，舉止輕咷，常操英語、德語嘲諷之，令人難堪。無論國勢之弱，人格之低，我國人亦何至爲列邦所不齒。殊不知非然也，實厭惡一辮之臭味耳。今余着洋服，覆假髮，莫辨揶揄，昂然入座，竟得列爲上賓，是即左證。』

且看日人如何輕慢華人。光緒三十四年（一九〇八）春正月，李宗棠赴日考察礦務。抵博多，投宿高島尾旅館。『入門，頗具禮貌。余固服歐裝，操和語，彼亦視爲同族。迨擇室，甫坐定，主人例持投宿人名簿請書。當即署名，在其職業欄内寫明清國游歷官字様。彼遂漸露慢容，詢問來歷極詳，并言支那人到境，例須立刻報知警察，語中似有譏刺。余怒斥之，復正告，「以外交、警察，無論對待何國，若誤用强横手段，豈獨自失文明，且必遭意外之不測。」又告以歷年足迹幾遍日本，今獲承教，實增閱歷。語畢，彼竟羞澀退去。然亦可見我國游歷官，品類不齊，近年種種笑柄，屢見報端，致貽羞其全體，真可浩歎。』（東游紀念卷九當日日記）當時，李宗棠是帶着反思對待日人輕慢的。一百多年過去了，李宗棠當年的反思仍值得今人品味。

（三）感受文明

初至日本，近代文明之風撲面而來，令李宗棠驚嘆不已。『晚與東人閑話，詢問國俗。據言：前三十年，人情鄙陋，文明遠遜中國。明治變法，大都取效歐美。』『讀明治三十年史，而知變化時代之風俗，及建設時代之關頭。其中大有可觀，洋房、洋物、洋菜、電報、電話、電燈，以及火車、馬車等類，久已風行當世。男子禮服，改從西制，亦非一日。自舞蹈會、婦人慈善會，大興男女交際日盛。婦人應有禮服，間或採用西式，於是女子束髮而洋裝，大抵出於縉紳仕族。』『女校生徒，腰下外罩百折裙，全國率用紫色，間用灰色。』（東游紀念卷一十一月十六日日記）近代文明之花，無處不開。

『明治維新』仿效德國，重視教育。『近二十年間，日本學校除官立外，公立、私立男女學校，較前十餘年，驟增至一萬七千餘所，可見教育成效即國家文明進步。』據日本文部省報告記載，明治三十二年，全國學校計二萬八千七百十七所，教員十萬一千零六人，學生四百五十一萬三千三百三十四人。此外，更有盲人教育、啞人教育、廢人教育、貧人教育、罪人教育、幼稺教育等。日本教育立國理念就此樹立。（東游紀念卷一十月二十一日、二十二日日記）

重視交通通訊。明治五年（一八七二），日本創建鐵路。開始則由東京至橫濱一綫，繼則直達神户而西京，而長崎，推之九州、北海，不數年而全國通行。又立郵船會社，以與鐵路相聯絡，設遞信省，統攝郵便、電信之權；更遍置電話，以輔郵便、電信所不及。現已逐漸交通，幾於無微不達。近又修造電氣鐵路及馬車鐵路。凡國家經營之事業，擴張正無已時。至明治三十年，與泰西文明諸國并衡。關於日本當時的通訊便利，李宗棠以詩記之：『關山迢遞置郵艱，片紙音書幾日還。空谷傳聲千里外，遠人對語一堂間。區區電力開風氣，處處靈機達市闤。知己欲來相問訊，此中消息好追攀。』（千倉詩史初編京濱神長電話機關）

重視工業和製造業。日本政府於明治三年（一八七〇）置工部省，十年開首屆全國勸業博覽會，十四年開第二屆全國勸業博覽會，十七年國製軍艦始航歐洲，二十二年東海道鐵路全通，二十三年開第三次全國勸業博覽會，二十八年開第四次全國勸業博覽會，促進了國内重工業和製造業的快速發展。如李宗棠參觀一家電器製造廠時記載：『現在日本造電材料，悉本邦産，無庸購自外國。該廠製造機械品共八十餘種，各種電話機、送話機、受話機、自動機、交換機、通信機、巴黎磁石發電機、試驗用磁石發電機、抵抗器、蓄電器、海底綫、通信用電鍵、檢電器、自動機用鑽孔器、音響器等，俱能製造。』誠如李宗棠所説：『觀於維新以後之攻略，而知其强盛所由來，當必自振興教育始，其次則便利交通，最關緊要；至若擴充工業，尤見其立國之精神。所以進步日良，正有未可限量者。』（東游紀念卷一十一月十二日日記）

（四）首創會館

中國留日學生總會館，由李宗棠於光緒辛丑年（一九〇一）冬在日本東京創建。李宗棠在日記中記録了大概經過：

十一月十四日，拜晤蔡星使，商留學生建立會館事；

十一月十五日，午前至使館，催留學生會館事，公使意尚游移；

十二月十六日，午前拜蔡星使，談會館事；

十二月二十四日，作書至蔡星使，催辦會館事。

蔡星使，名蔡鈞，時任中國駐日本公使，對待有關留學生事宜思想較爲保守，對建立留日學生總會館開始也是猶豫不決，在李宗棠及廣大留日學生的一再催促下，才勉强同意。對此李宗棠頗有感觸，作詩記之：『憐才報國兩相當，遊子何曾有别腸。愧我未能開廣廈，勸君少許解官囊。前途但可籌棉薄，來日何須備裹糧。此計原非繞舌事，三翻四覆費商量。』（千倉詩史初編與蔡公使商辦留學生會館事唯諸問多疑議憤而書此）

李宗棠在光緒三十二年（一九〇六）初寫給兩江總督周馥的報告中回憶：『查日本東京中國留學生總會館，係職道辛丑年冬與諸生組織而成。彼時，我國留學生僅二百六七十人。壬癸甲乙四年間，職道復奉公東渡五次，目睹留學界之發達日勝一日，迨去歲冬，竟有八千餘衆，可謂盛矣！總會館是一大樞紐，各省人數既多，究竟仍屬散漫，非各省結成小團體，由小團體再結成大團體，斷不能成一堅固安穩之

團體，此分會館之宜急設也。總會館所以轄全體，分會館所以聯省界，其勢實相輔而行。』（東游紀念卷七丙午元旦日記）

（五）培養棟梁

李宗棠在近十年的旅日生涯中，在留日學生中培養和造就了一批人才，成爲辛亥革命的志士和民國初期的國家棟梁，閻錫山就是其中一位。

閻錫山（一八八三—一九六〇），山西代州五臺縣人，字百川。一九〇二年入山西武備學堂，一九〇四年赴日，是李宗棠親自帶領護送的山西五十三名留學生中二十位武備生之一，入日本士官學校就讀。一九〇五年在東京加入同盟會，積極參與反清鬭争，辛亥革命後任山西都督，從此長期踞晉自保。大革命失敗後，任國民黨第三集團軍總司令、海陸空軍副總司令兼山西省政府主席。抗戰初期，任國民黨第二戰區司令長官，在抗日民族統一戰綫推動下，組織犧牲救國同盟會，建立抗戰決死隊，進行抗日。解放戰争後期，曾在廣州任國民黨政府行政院院長。後去臺灣，一九六〇年病故。

安徽及阜陽辛亥革命時期的不少仁人志士，均出於李宗棠門下。

程恩普（一八八二—一九四三），字稚周，阜陽縣人。清末長江水師提督程文炳第四子。辛亥革命以前，潁州革命組織安仁會的創始人和領導人。性豪爽沉静，二十歲入安徽武備練軍學堂，一九〇五年到日本留學，入同文書院，結識孫中山，參加同盟會。旋奉孫中山之命回國從事革命運動，與孫毓筠同主安徽革命事宜，并親授安仁會鈐記，組建革命組織，暗中進行武裝起義的準備。武昌起義後，程恩普在皖北宣布潁州獨立，建立淮北國民軍，並任軍統。後辭官南下上海，與呂蔭南等人從事新聞出版工作，聲討袁世凱。袁世凱稱帝後，恩普憤甚，將地産變賣，於法租界内密設淮北討袁辦事處，仗義疏財，支持反袁斗争，以致於家産蕩盡，生活窘迫。許多老同盟會員得知他的窘狀，想幫助他，他謝絶道：『犧牲乃革命黨人之本分，若計較得失，與術工投機者何異？』『九一八』事變後，國難日深，程恩普憂憤交加，疾病日重，於一九四四年七月二十五日嘔血逝世，時年六十一歲。

程恩普赴日留學時，正值留日學生因反對日本政府的歧視政策，暴發大規模罷課和歸國風潮。李宗棠是受蘇、皖、贛三省衆紳公舉，并受兩江總督周馥委派，『前往察看情形妥爲勸導』的地方大員，他熟悉留學生情況，深諳中日外交關係之微妙，他如魚得水，穿梭於留學生和日本政府及各界名流之間，處處維護留學生利益，深得留日學生信賴與擁戴。他尤其關注安徽學生，特别是潁州府留學生的狀況，不時出席皖籍同鄉會的團拜與集會。他在光緒三十一年（一九〇五）十二月二十七日的日記中，逐個抄録了全部二百四十八名留日皖生的名單，其中有潁州府留學生十五名，他們是：程維屏，字少齊，阜陽人；郭廷康，字惠臣，太和人；劉屏翰，字質甫，霍邱正陽人；劉屏周，字松甫，同上；葛光廷，字覲宸，蒙城人；孫象震，字仲堯，亳州人；晉麟，字仁卿，亳州人；鄒賡昌，字仲西，霍邱人；王瑄國，字子和，霍邱人；陸紹武，字伯仁，蒙城人；胡寅旭，字濟臣，霍邱人；丁緒餘，字濟臣，阜陽人；丁象謙，字六皆，阜陽人；湯松年，字漱風，潁上人；程恩普，字稚周，阜陽人。

在上述名單中，經過查詢與核對，與程恩普一起回國和到潁州參加辛亥首義的就有權道涵、段雲、丁象謙、丁緒餘等，成爲安徽和潁州辛亥革命的先驅。

（六）記録百科

從一九〇一年至一九〇八年，李宗棠歷經八年，九次赴日，最長的近半年，最短的近一個月，足迹遍及日本各地，所接觸人士，上至日本政府各省部要員、達官貴族，下至工廠廠長、礦長、課長、學校校長、教職員工及庶民百姓，不僅較爲系統地學習了日本的歷史，尤其是『明治維新』以來的歷史，而且對日本的現實社會，也作了較爲深刻的剖析和了解。諸如日本人所遵循的精神價值，日本社會的文明表現，日本的教育、學校、學生及家庭之間的關係定位，日本的法律、警察及執法現狀，日本的郵政、通訊、電信的發展與管理，日本的航海、鐵路、公路交通設施與安全，日本的社區與居民、旅館與商店、街道名稱的統一管理，社區安全、社區衛生等社會運作機制的建立與規範，日本人的風俗民情等，還有日本的金融、貨幣、税收政策、出版印刷、新聞報紙、工廠、礦區的管理、農牧漁業、森林採伐等等，所涉内容包羅萬象，豐富生動。

九次赴日，李宗棠不僅勤於思索，每日筆記，而且發揮善於賦詩的特長，凡有重要會晤、參觀、交游、宴飲之事，必以詩記之，概不遺漏。一百二十四首旅日詩文，以詩記事，通暢明瞭，雅俗共賞，展現了一代詩人和教育家、外交家崇尚科教、善於學習的廣闊胸襟和心繫祖國、憂國憂民的愛國情懷。

四、筆耕不輟，著作等身

李宗棠一生勤奮，筆耕不輟，餘暇纂輯光緒徵要録十六卷、奏議輯覽初編十六卷、奏議類編六十四卷、時事紀聞十八卷、從政芻言二十四卷、武備志略六卷、學詩堂經解八卷、萬國教育源流考二卷、考察日本學校記十六卷、日本學校章程百三十六種十六卷、日本小學校新令一卷、日語類纂前篇、後篇二卷、新政論説八卷、條陳要政四卷、部官議案十六卷、千倉師範學校講義三十二卷、光緒朝大婚典禮一卷、東游紀念十卷、苗稼山莊雜詠四卷、千倉詩史初編一卷，總計二十餘種，二百四十餘卷，可謂著述豐厚。殊爲可惜的是，他撰寫的五經經解，除學詩堂經解外，其餘四經經解，和其它一些未來得及刊印的舊作草稿，包括他多年收藏的古籍善本、名人字畫等珍貴文物，均於辛亥戰亂中焚毀於金陵千倉山館。一九一二年四月十三日，聞千倉山館焚毀一空，李宗棠痛心之餘，以詩記之：『林園轉眼話邱墟，悔向名山卜隱居。萬卷文章遭劫燼，半生心血盡焚如。誰云身外無長物，只怪閒來愛著書。回首臺城空悵望，不知何處是吾廬。』自注：『宋元板書籍字畫，世間固不多覯。手批殿板十七史、分編五經經解，著作精華，盡在於此。其他雜纂十數種草稿悉數付炬。』（千倉詩史初編金陵千倉山館被陸軍第三師團礮兵第三聯隊鄧翊華率隊占據館中器具久假不歸舊存書籍字畫及編纂稿册別儲一室忽於新曆四月十三日焚燬一空聞之不禁有感）

晚年李宗棠辭官歸隱，移居滬上，設館授徒，爲國人教日語，爲日僑教中文。閑來詩酒唱和，琴書自娱。自歸隱後，思鄉之情日重，或春或秋，不計冬夏，往返於滬寧、阜潁之間，樂此不疲。一九二三年，因勞致疾，突發病症，卒於南京寓所。歿後二十年，當時中國教育部編纂中國教育史，皖省乃採集宗棠事實，咨部入書，以爲後世楷模。

附　安徽古籍叢書已版書目

舊聞隨筆
定本莊子故
張籍集注
文學研究法
桐城文學淵源考・撰述考
包拯集編年校補
康輶紀行・東槎紀略
北山樓集
桐城耆舊傳
疑庵詩
三餘札記
方望溪遺集
爾雅翼

識小録・寸陰叢録
東萊詩詞集
明太祖集
王侍郎奏議
程氏家塾讀書分年日程
朱楓林集
敬孚類稿
施愚山集（四册）
吳敬梓吳烺詩文合集
張孝祥詞箋校
竇山公家議校注
翠微南征録・北征録合集
阮大鋮戲曲四種

老子注三種
杜詩説
朱書集
論語解注合編
郭祥正集
皖人詩話八種
唐詩評三種
左傳微
續學堂詩文鈔
鈍齋詩選
老子注譯
莊子詮詁
説文假借義證

劉銘傳文集
包世臣全集（三册）
戴震全書（七册）
田間易學
莊屈合詁
田間詩集
田間文集
古事比（二册）
安徽出土金文訂補
秋崖詩詞校注
道聽途説
蘭苕館外史
青泥蓮花記
舌華録
明語林

夜雨秋燈録·續録（二册）
包拯集校注
毛詩後箋（二册）
劉文典全集（四册，列入特輯）
壹齋集（二册）
孟子講義
楊仁山全集
岆翁藏書年譜（列入附輯）
不得已附二種
歙事閑譚（二册）
惜抱軒詩集訓纂
張孝祥詩文集
吳汝綸全集（四册）
朱子全書（二十七册）
明實録安徽經濟史料類編（列入附輯）

姚瑩年譜（列入附輯）
青溪集
藏山閣集
田間詩學
俞正燮全集（三册）
皖人戲曲選刊·鄭之珍卷
詠懷堂詩集
所知録附四種
文選箋證（二册）
歙紀
方孝標文集
七頌堂集
劉文典全集補編（列入特輯）
程瑶田全集（四册）
皖人戲曲選刊·方成培卷

皖人戲曲選刊・龍燮卷
凌廷堪全集（四册）
黄生全集（四册）
東輶紀程
蕭雲從詩文輯注
程文炳文集
程恩培集
方猌山詩集（二册）
趙紹祖金石學三種
小爾雅義證

勉行堂詩文集
貴池唐人集
龍眠風雅全編（十册）
無爲集
杜詩提要
分篇水經注（二册）
松泉集（二册）
梅鼎祚戲曲集
通鑒注商・新舊唐書互證
杜徵三友朋手札

吴應箕文集
舒鴻貽著述二種
皖雅初集（三册）
桓譚新論校注
宛雅全編（二册）
李宗棠文集・東游紀念
李宗棠文集・奏議輯覽初編
李宗棠文集・學詩堂經解
李宗棠文集・千倉詩史初編